KB044441

악성 나르시시스트와 그 희생자들

LES PERVERS NARCISSIQUES by Jean-Charles Bouchoux

Copyright © 2011 by Group Eyrolles, Paris, France
Korean translation rights © 2017 BADA Publishing Co.
Korean translation rights are arranged with Group Eyrolles SA through Amo Agency Korea.
All rights reserved.

이 책의 한국어판 저작권은 아모 에이전시를 통해 저작권자와 독점 계약한 바다출판사에 있습니다.
저작권법에 의해 한국 내에서 보호를 받는 저작물이므로 무단 전재와 무단 복제를 금합니다.

악성 나르시시스트와 그 희생자들

Les pervers narcissiques

장 샤를 부슈 지음 권효정 옮김

악성 나르시시스트의 정체와 그 희생의 메커니즘을 찾아서

바다출판사

나의 세 아이들 장 바티스트, 알렉상드르, 에두아르에게,
쉬이 상처받는 사람들에게.

그들이 비로소 행복의 길을 찾고,
사람은 모두가 평등하다는 것을 진심으로 믿게 되기를.

그리고 바로 당신에게.

내 마음이 왜 이리 까닭 없이 슬퍼질까?
석양이 지는 저녁, 서늘한 공기의 이 라인 강변,
이곳에 전해지는 전설을 잊을 수가 없네.
바위 위에 앉아 있는 눈부시도록 아리따운 젊은 처자,
황금빛 반짝이는 머리칼을 빗어 내리며 기이한 음률의 노래를 부르네.
나룻배를 탄 뱃사공들은 걷잡을 수 없는 슬픔과 비탄에 사로잡힌 채,
눈앞의 암초도 보지 못한 채 바위 위의 처자의 모습에 넋을 잃고 마네.
마침내 물살이 사공의 나룻배를 집어삼켜 버리리라.
이는 로렐라이가 한 일이리라.

— 하인리히 하이네(1823)

차례

일러두기 | 이 책은 '자기애성 인격장애' 유형 중 특별히 '악성 자기애자'에 포커스를 맞추었다. 저자는 본문에서 '악성 자기애자'와 '도착자'라는 두 용어를 번갈아 사용하고 있으며, 아울러 책 제목에서처럼 '악성 나르시시스트'라 표현하기도 한다. 이들 모두 같은 의미로 이해하면 된다.

악성 자기애자의 본모습

이 책의 초판이 출간된 후 세간의 반응은 놀라우리만큼 뜨거웠다. 곳곳에서 독자들의 수많은 증언과 질문이 쏟아졌다. 이런 반응을 보고서, 독자들의 이해를 높이고 갈증을 풀어주기 위해 실화와 경험담을 보강해서 수록해야겠다는 생각을 하게 되었다.

완전히 악성 자기애자로 인격이 구조화되어 버린 이들은 상대방을 자신에게 굴종시키기 위해 가족, 직장, 연인관계를 이용한다. 자신의 영향력을 행사하기 위해, 또한 상대가 자신으로부터 거리를 두지 못하게 만들기 위해 분리되기 힘든 관계를 이용하는 것이다.

악성 자기애자, 그들의 내면은 얼음처럼 차갑다. 그들 자신은 죄책감을 모르나 타인에게는 가차 없이 죄책감을 안겨준다. 그들의 가치관, 감정, 태도는 그가 대하는 사람과 그를 둘러싼 환경에 따라 수시로 바뀐다. 외면적으로만 보면 그들은 사랑스러운 사람이며 동정과 연민을 가장한다.

그들은 또한 유혹자다. 자신의 목적을 달성하기 위해 매우 친절하고 상냥한 척하지만, 속으로는 타인의 권리나 행복을 짓밟는 것 정도는 대수롭지 않게 생각한다. 피해자를 이용하고 조종한 후 다시 고립시켜, 자신이 원하는 대로 흘러가도록 의도할 때를 제외하고는 타인의 욕구나 감정은 전혀 고려치 않는다.

그들은 극도로 자기중심적이며, 상대에게 완벽을 요구한다. 또한 그들은 거짓말쟁이다. 대부분 화려한 언변을 구사하는 달변가다. 상대방의 마음을 불편하게 만들기 위해, 혹은 불평을 토로하기 위해 짐짓 본인이 피해자인 척하며 교묘한 말장난을 통해 상대를 조종한다. 자신의 목적을 달성하기 위해 타인의 도덕성과 가치관을 이용한다. 그들은 자신의 행동을 정당화하기 위해 겉보기에 아주 논리적으로 보이는 이유들을 내세운다.

그들은 질투가 많고 부정한 사람이다. 자신에 대한 비판은 못 받아들이는 반면 타인에 대해서는 끊임없이 비판한다. 자신의 가치를 드높이기 위해 상대방의 자기상을 이용한다. 다시 말해 상대방을 비하하면 할수록 자신이 더욱 강해짐을 느낀다. 자신이 어떤 고통을 느끼면 그 고통을 빠르게 다른 이에게 옮겨버린다. 우리가 앞으로 살펴보게 될 이야기 중에는 여러 가지 기제들이 등장할 텐데, 그들은 이 기제들을 사용하여 타인이 자신의 분노, 공포, 죄책감, 심지어 광기를 대신 발현하도록 만든다.

완전한 악성 자기애자가 존재하는 것은 분명한 사실이지만, 한 편으로 우리 역시 삶의 어느 순간 악성 자기애의 방어기제를 쓰게 될지도 모른다. 이 책은 악성 자기애자에 대한 에세이이자, 도착(perversion)에 대한 기원과 메커니즘을 추적하며 그들 실체에 대한 퍼즐을 맞춰가는 과정의 기록이다. 아마도 이 책을 다 읽고 나면 정상과 도착의 경계를 어렴풋이 파악할 수 있을 것이다.

가령 돈주앙과 카사노바를 예로 들어보자. 돈주앙은 여성들을 유혹하여 만날 약속을 정한 후 실제로는 약속장소에 나가지 않는다. 대신 하인 스가넬을 보내 그녀들이 그곳에 나왔는지 여부를 확인한다. 그녀들이 약속장소에 나온 사실을 안 후 돈주앙은 대단히 만족해한다. 한편 카사노바는 여성들을 유혹하고 약속장소에 나타나 그녀들과 욕정을 나눈 후 돌연 모습을 감추었다.

둘 다 자신의 권능함에 대한 불안에서 스스로를 지키고자 했다. 돈주앙은 자신의 이미지가 가진 파워를 확인하고자 했고, 카사노바는 자신이 거세되지 않았다는 것을 확인하고자 했던 것이다. 카사노바는 성도착자이고, 돈주앙은 악성 자기애자라 말할 수 있겠다. 그러나 두 사람 모두 여성과 진실로 사랑을 나눈 것이 아니라 유혹한 후 도망쳤다. 사랑에 빠지는 것은 그들에겐 너무도 위험한 행동이었기 때문이다.

이제부터 우리가 함께 살펴보게 될 악성 자기애자는 돈주앙처럼 먹잇감을 발견한 후 상대를 강하게 유혹한다. 그러고 나서 상대를 자기 옆에 두면서 그의 자아상을 서서히 붕괴시킨다. 그렇게 함으로써 스스로는 에너지를 얻고, 자신의 광기를 상대방에게 투사시킬 수 있다. 상대방을 저항하지 못하도록 무기력한 상태로 만들어 우울증, 폭력, 도착, 광기에 빠뜨리며 결국 육신과 정신을 황폐화시키는 것이다. 심지어는 자살이나 사고로 죽음에까지 이르게 만들기도 한다.

이 책을 통해 만나게 될 여러 주인공들 가운데는 명확히 진단을 내리기 힘든 케이스도 있다. 유년기부터 되짚어 볼 바네사의 스토리는, 노랫소리로 뱃사공을 홀리고 눈을 멀게 해 결국 암초에 나룻배를 좌초시켜 뱃사공을 죽음으로 이끈다는, 책의 서두에 인용된 〈로렐라이〉 시구절과 흡사하다. 독자 여러분들은 바네사 사례의 케이스 스터디에 제시된 질문에 대한 답을 맞춰보길 바란다. 완벽한 정답이란 없지만 책의 마지막 장에 답을 제안해 놓았다.

프랑크는 유년시절 자신이 버림받았다는 상처를 잊기 위해서 끊임없이 아내를 비난하고 무시하며 사악한 행동을 일삼는다. 한 회사의 사장인 장 피에르는 직원들을 항상 괴롭히면서 자신의 가치를 인정받고자 한다. 피에레트의 경우 역시 흥미롭다. 자신이 겪고 있는 감당할 수 없는 혼돈에서 빠져나오기 위해 악성 자기애적 기제를 사용한다. 그녀는 완전한 악성 자기애자와는 다르게, 버림받는 것에 대한 번민과 두려움에 다시 사로잡힌다. 그녀의 이야기는 본문 중 남자친구인 자크의 긴 실화 증언을 통해 자세히 들여다볼 수 있다. 자크는 2년 동안 그녀의 옆을 지키고 무수한 고난을 겪으면서 비로소 스스로에게 근원적인 질문을 던지게 된다.

또한 관심이 있는 독자들이라면 이 책에 나와 있는 악성 자기애
적인 행동양식에는 구체적으로 어떤 것들이 있는지 꼼꼼히 살펴보
면 좋을 것 같다. 그 속을 들여다보면 자신의 마음이 편해지기 위해
아이들의 정신세계를 망가뜨려 놓는 부모의 모습도 목격하게 된다.

악성 자기애자의 유래

악성 자기애자라는 개념은 프랑스의 정신분석학자인 폴-클로드 라
카미에(Paul-Claude Racamier, 1924~1996)가 1950년대에 처음으로 발
표하면서 세상에 알려졌다. 당시 그는 신경증, 특히 조현병(정신분
열)에 대해 연구하고 있었다. 라카미에 박사는 조현병 환자들을 일
컬어 '자신의 극심한 내적갈등이 타인에게 분출되는 것에 대한 공
포를 느끼는 사람들'이라 말했다. 그의 저서 《기원의 특성(Le génie
des origines)》[1]에서 라카미에는 악성 자기애자에 대해 다음과 같이
설명하고 있다.

'그들은 침습형 공격자이며, 타인의 자유와 창의성을 마음껏 짓
밟는 이들이다. 그들은 상대의 기쁨과 욕구를 지배하려 들고, 자신
의 내적 갈등 특히 애도의 슬픔을 피하기 위해 상대를 도구로 조종
하거나 희생양으로 만든다. 상대에게 해를 끼치면서 자신이 원하는

---

1 Racamier, P.-C., 기원의 특성(Le génie des origines), Payot, 1992

것을 이루려는 자들이다.'

그런가 하면 해럴드 설즈(Harold Searles)가 환자와 치료자 사이에 생기는 무의식적인 과정의 상호작용을 강조한 것도 조현병에 대해 연구하면서였다.《타인을 미치게 만들기 위한 노력(L'effort pour rendre l'autre fou)》[2]이라는 그의 저서에서 해럴드 설즈는 말한다.

'누구나 타인을 미치게 만들 수 있다. 상대방이 자기 자신을 위해 존재하거나, 자신의 모습을 기억하며, 생각과 느낌과 욕망을 못 갖게 만들도록 할 수 있다.' '악성 자기애자는 타인이 자신의 혼란을 가져가도록 만들어 자신은 정신착란과 같은 정신증에 빠지지 않는다.'

프랑스의 정신과 의사이자 정신분석학자인 마리-프랑스 이리고양(Hirigoyen)은 자신의 저서《정서적 학대: 일상생활에서 벌어지는 변태적인 폭력(Le harcèlement moral : la violence perverse au quotidien)》[3]에서 '악성 자기애자'라는 용어를 일반화시킨다. 행동, 말, 태도, 몸짓, 글 등 전형적인 메커니즘으로 나타나는 그들의 착취적인 행위는 한 개인의 인격과 존엄성, 신체 및 정신세계를 망가뜨릴 수 있고, 직업을 잃게 만들거나 사회적 관계를 망치게 할 수 있다고 정의한다.

---

2 Searles H., 타인을 미치게 만들기 위한 노력(L'effort pour rendre l'autre fou), Folio Essais, Gallimard, 2002
3 Syros, 1998

도착적 자기애

'도착倒錯'이라는 용어는 일상적으로 쓰이는 말이다. 잔소리가 병적으로 심한 팀장, 혹은 상대를 병적으로 유혹하곤 하는 자들을 가리켜 우리는 그들은 '도착적'이라 말한다. 우리를 지독하게 괴롭히는 문제들, 그것 역시 '도착적'이라 말한다.

언젠가 세미나에서 나는 '도착자'라는 주제에 대해 다룬 적이 있다. 테이블에 둘러앉은 참석자 하나하나에게 도착자를 떠올렸을 때 바로 떠오르는 생각이 무엇이냐고 물었다. 사악함, 타락, 비도덕, 나쁨, 세상과 타협하지 않음, 과도한 성욕, 방탕, 음란, 외설적…… 등으로 사람들은 도착자에 대한 나름의 정의를 내리고 있었다.

이 책을 통해 인격장애의 일종이라 할 수 있는 도착의 다양한 개념과, 나아가 도착적(악성) 자기애자에 대해 본격적으로 다루어보고자 한다. 하지만 그 전에 '도착'이라는 용어에 대한 정의를 확실히 해둘 필요가 있겠다. 사실상 흔히 세간에서 쓰는 용어는 정신 병리학에서는 전혀 다른 뜻으로 사용되기도 한다. 예를 들면, 시인들이 주로 로맨틱한 뉘앙스를 풍기며 사용하는 용어 '멜랑꼴리(mélancolie)'는 정신 병리학에서는 심각한 질병이다. 좀 더 멀리 보자면, 도착자라는 용어는 모종의 도덕적 결함이 있음을 의미한다. 그러나 오직 도덕과 연관시켜 정의 내리기엔 부족하다.

우선 정확히 도착자라는 용어의 의미와 그와 비슷한 개념을 명확히 정의해볼 필요가 있다. 그리고 나서 악성 자기애자의 심리적 기제에 대해 살펴보고, 어떻게 그들에게서 벗어날 수 있을지 생각해보자.

그들은 특수한 기제를 사용한다. 예를 들면 '집착'이라는 기제다. 그는 희생양에게 입속의 혀처럼 달라붙는다. 희생양은 더 이상 그에게서 떨어질 수 없다. 희생양에게 더없이 밀착된 이후 어느 순간 그들은 얼음처럼 상대에게 차가워진다. 집착이라는 기제를 다루며, 우리는 그들에게서 벗어나기 위해 그들이 펼치는 모든 유혹들 앞에서 거리를 두는 것이 얼마나 중요한가에 대해 알게 될 것이다. 우리는 또한 그들이 어떻게 상대에게 반응하며, 그런 후 어떻게 상대에게 다시금 달라붙으려 시도하는지 그 패턴에 대해 고찰해 볼 것이다. 자고로 아는 것이 힘이다! 그들의 반응 패턴을 알면 그들이 자해를 할 때도, 유혹할 때도, 그런 후 또다시 상대를 위협하거나 상대에게 죄의식을 심어주려 할 때도 그리 놀라지 않을 수 있다.

위의 문제를 짚어본 뒤 그 다음으로는 그들 행동의 기원에 대해 알아보도록 하자. 도착자들의 행동 기제에 대해 먼저 알아본 뒤에야 그들 행동의 기원을 살펴보는 이유는 무엇일까? 사실 나의 피해자들은 악성 자기애자 애인 혹은 배우자와 헤어질 때 '근친이나 사랑하는 이의 죽음을 맞는 것과 동일한 애도 과정'을 밟고 있었다. 우리는 누군가를 죽음으로 떠나보내야 할 때 심리적으로 여러 단계와 과정을 거쳐야 함을 알고 있다. 마음의 근육을 키우는 과정에서 상대를 용서하는 것은 매우 중요한 과정이다. 하지만 그 용서가 너무 빨리 행해진다면 그것은 현 상황에 대한 부정일 뿐이며, 결과적으로 건강한 애도를 거칠 수 없게 된다.

앞서 잠시 언급되었던 피에레트의 남자친구 자크는 그녀에게서 힘들게 벗어난 뒤 내게 말했다.

"우선 제 몸속의 독을 다 비워내야 할 것 같아요. 제 자신을 우선 돌보고 추스른 후 다시 일어설 노력을 해야 할 것 같습니다. 다만 정확히 이해한 후 그녀를 용서하는 것이 맞는 것 같아요. 제가 그녀를 다시 불쌍히 여기고, 그녀를 만나기 '이전의 나'로 돌아가길 바랄 뿐이에요."

피해자들의 증언과 사례를 분석할 때 사건과 심리상태의 변화를 순차적으로 분석하는 것이 매우 중요하다. 피해자들에게 정신을 차리고 상황을 직시하라고, 왜 상대의 그런 행동을 용인했느냐고, 혹은 왜 그런 사람을 만났느냐고 물음을 던질 수도 있을 것이다. 그러나 이미 그들은 악성 자기애자가 덮어씌운 죄의식에 너무도 오랜 시간 시달린 상태다. 안타깝게도 오랫동안 죄의식을 강요, 주입받아온 그들은 상황을 냉철하게 반문해볼 힘이 없다. 자문해보라고 요구하는 것 그 자체가 피해자들의 어깨 위에 짐을 하나 더 얹는 일이며, 상황을 다시 직시해보라고 요구하는 것 자체가 피해자들을 더욱 힘들게 할 뿐이다.

더군다나 그들은 자아상에 심각한 손상을 입은 상태다. 상황을 반문해보는 것이 하나의 치료적 접근법이 될 수는 있다. 하지만 몸과 마음을 추스른 후 자존감을 회복하고, 죽음의 애도과정에 맞먹는 기나긴 극복의 과정을 거친 후에나 가능한 일이다.

악성 자기애자에게 당한 피해자들을 치료하다 보면, 그들은 전쟁 피해자, 포로, 재난 피해자들이 겪는 것과 동일한 트라우마 양상을 보여준다. 악성 자기애자들의 실체에 대해 알아보고, 그들의 사고와 심리, 행동기제에 대해 공부하고 나면 피해자들의 다친 마음을 치유하는 방법이 무언지 그려지기 시작한다. 그것은 바로 정해놓은 순서에 맞게 천천히 치료과정을 밟는 것밖에 없다는 결론이다.

이 책을 읽고 나서 어떤 이들은 다시금 몸과 마음의 상처를 회복할 수 있게 되기를, 또 어떤 이들은 타인에 대한 따뜻함과 친절, 이해를 바탕으로 진정 자신을 돌볼 수 있게 되기를 진심으로 바란다.

1장

충동적 에너지, 결핍에서 욕망까지

정신분석학이란 무엇일까? 더 넓게는 인문학이란 궁극적으로 무엇을 다루는 학문일까? 인간의 내면에 존재하는 여러 가지 에너지의 기원과 이동, 그리고 그 에너지들이 서로 상충할 때 발생하는 갈등에 대한 것들을 다루는 것이 아닐까?

이들 에너지는 생각, 욕망, 혐오의 형태로 나타날 수 있다. 정반대 방향으로 향하는 두 가지 욕망은 갈등을 일으킬 수밖에 없다(예를 들어 배고픔과 다이어트를 하고 싶다는 욕망, 혹은 피하고 싶은 사람과의 어쩔 수 없는 만남 등). 만일 이런 갈등이 외적인 것이라면 그 반응은 빠르게 온다. 그러나 내적인 갈등이라면 빠르게 정리되거나 타인에게 투사된다(나쁜 기분을 타인에게 전염시키고 싶은 것이 투사의 예다).

정신분석학은 이러한 에너지들을 연구하는 학문이다. 프로이트가 창시한 '정신의 지형학적 모델'이라는 것이 있다. 경제와 역학의 원리를 이용하여 우리 마음속에 존재하는 여러 에너지들의 질과양, 다양한 움직임 등을 이해하고자 하는 메소드를 말한다. 또한 정신 기제의 연구를 통해 어떻게 우리가 이 에너지를 조절하는가를관찰하고, 그 기제들 중 어떤 기제는 적합하고 어떤 기제는 병리적인 것인지, 또 어떤 기제는 도착적인 것인지를 구분해낸다.

욕망의 에너지

도착이 무엇인지 이해하기 위해 우리는 우선 '충동'의 개념을 이해해야 한다. 물리적 에너지의 존재를 인정한다면, 마찬가지로 정신적 에너지도 따로 놓고 생각해볼 수 있다. 충동이란 정신 에너지로구성되어 있으며 내부에서 끓어 나오는 흥분이다. 충동은 '온 몸의세포가 목표를 향해 돌진하게끔 하는 에너지의 무게'[1]다.

한 세미나에서 강연자가 한 사람을 연단으로 불러 올렸다. 그에게 팔을 쭉 펴고 손목에 힘을 주라고 말한 후, 힘을 가해서 팔을 굽힐 테니 버텨보라고 말했다. 그러면서 강연자는 그에게 행복하고좋은 기억을 떠올리라고 말했다. 그러자 피실험자의 팔을 구부리는

---

1 La planche J., Pontalis J.-B., 정신분석 용어집, PUF, 2007

것이 상당히 힘들었다. 그런 다음, 강연자는 다시 슬픈 사건을 떠올려보라고 말했다. 강연자가 그의 팔에 동일한 힘을 가하자 팔은 이내 구부려졌다. 이 실험은 정신적 에너지와 신체적 에너지가 상호작용하고 있다는 것을 보여주는 예이다.

만일 우리가 어떤 무게의 짐을 들어야 한다면, 근육은 에너지를 내고 이 에너지는 주어진 노력 안에서 소진될 것이다. 짐을 들 때 내가 발생시킨 만큼의 에너지를 소진하는 것과 마찬가지로, 어떠한 결핍에 대응하기 위해 발생된 생각, 욕망, 증오는 정신적 에너지를 생성시키고 그 에너지는 소진될 필요가 있다. 일반적으로 결핍감이나 모든 정신활동은 몸속에서 긴장을 만들고, 목표나 목적물을 향해 행동으로 옮김으로써 긴장이 없는 상태로 돌아가게 된다.

그러나 모든 생각, 욕망, 증오가 모두 동일한 중량은 아니다. 어떤 생각은 다른 생각들보다 그 무게가 무겁다. 게다가 육체적 에너지와 정신적 에너지는 상호 연관관계가 뚜렷하다. 예를 들면, 근심 걱정이 너무나 많다보면 온 몸에 힘이 빠지고 육신의 에너지가 모두 고갈되는 느낌을 받는다.

모든 욕망, 생각, 증오는 우리의 몸속에서 긴장을 일으킨다. 우리의 몸은 일정 수준까지는 이 압력을 견딜 수 있다. 하지만 너무 과도한 긴장은 고통을 일으키고 정신과 육체를 위험에 빠뜨리므로 우리 몸은 자연스럽게 그 긴장을 일으키는 압력을 낮추려는 경향을 보인다. 이러한 충동을 해소하기 위해 우리 몸과 정신은 어떻게 서로 합의할까? 어떻게 우리는 결핍을 욕망으로 변환시키고 과도한 에너지를 비워낼 수 있을까? 건강한 사람들은 이를 어떻게 조절하며, 도착자들은 이에 어떻게 대응할까?

결핍감을 욕망으로[2]

충동은 근원, 목표, 대상 이 세 가지의 축으로 이루어진다. 근원이란 결핍이 생기는 곳을 말하며 이는 우리 신체에 해당한다. 목표는 신체적 요구에 대한 응답으로, 정신이 만들어내는 것이다. 대상은 결핍을 채워줄 수 있는 어떤 것을 말한다.

예를 들어보자. 배고픔이라는 결핍감이 끈질기게 괴롭히면 우리의 몸은 긴장상태에 돌입하고 신호를 보낸다. 그러면 정신은 '과자를 먹고 싶어'라는 욕망을 만들어낸다. 여기에선 과자라는 지정된 대상을 먹는 행위로 옮겨진다. 이러한 행위의 목표는 포만감을 느끼며 긴장이 풀리는 것이다. 동일한 결핍을 느낄 때에도 사람마다 각기 다른 욕망을 만들어내는데, 예를 들면 배고픔이란 결핍이 생겼을 때 단 것을 찾을 수도 있고 짠 것을 찾을 수도 있으며, 오히려 이참에 다이어트를 하겠다는 생각(욕망)이 들 수도 있다. 신체가 정신에 '욕망 생성'을 요구하는 것이다. 이 욕망을 성취하기 위한 행동으로 이끄는 힘이 곧 충동이다.

2 Freud S., 초심리학에서의 충동과 충동의 운명(Pulsions et destins des pulsions), Folio Essais, Gallimard, 1986

충동의 구조

앞서 든 예는 생존본능으로서의 충동에 해당된다. 다시 말해 생존에 필요한 것—마시고, 먹고, 자는 등—의 결핍이라는 말이다. 프로이트는 충동을 세 가지로 분류했다. 생존본능으로서의 충동, 성적 충동(리비도), 죽음에의 충동(자기 혹은 타인 파괴)이 그것이다. 우리의 신체는 자연스레 긴장을 완화하려는 경향이 있으므로 각각의 충동을 만족시킬 방법을 찾게 된다.

욕망이 고통을 낳을 수 있는가?

앞서 살펴보았듯 모든 욕망, 증오, 정신활동은 긴장을 낳는다. 그러나 신체가 수용할 수 있는 긴장의 수준에는 한계가 있다. 좌절에 견디는 능력은 각 개인의 정신구조나 기존에 갖고 있던 긴장의 정도에 따라 다르다. 긴장이 완화된 상태에 있을수록 새로운 결핍이나 새로이 겪게 되는 좌절을 쉽게 수용할 수 있다.

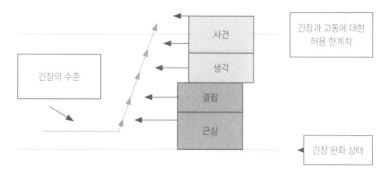

긴장의 축적에 따른 고통

위 그래프의 가장 밑선은 정신적, 신체적으로 긴장이 전혀 없는 상태를 말한다. 이런 완전한 긴장 완화의 상태는 바닷가에서 여유롭고 즐거운 휴가를 즐길 때 나타난다. 그래프의 가장 윗선은 우리가 흔히 말하는 고통 한계선으로서 우리가 압력을 견딜 수 있는 상한선을 가리킨다(어떤 긴장은 유년기 때까지로 그 근원을 거슬러 올라가는, 알 수 없는 욕망에서 기인하기도 함을 잊지 말자).

이 도식을 더 잘 이해하기 위해서 휴가를 떠난 상황이라고 가정해보자. 차를 타고 이동해야 하는데 타이어가 펑크 난 것을 알게 되었다. 이건 그다지 큰 문제가 되지 않는다. 타이어를 갈아 끼운 후, 그 이야기를 술자리에서 안주삼아 우스갯소리 정도로 이야기할 수 있을 것이다. 반면에 휴가를 떠나기 직전 이미 직장에서 해고를 당하고, 남편마저 자신을 떠나버린 상황에서 이런 일을 겪었다고 가정해보자. 이미 엄청난 정신적 긴장상태를 겪던 와중인데 그러한 상황에서 차바퀴에 펑크가 나버린 것이다. 그것을 보는 순간 그녀는 완전히 무너지게 될 것이다.

단순히 이 현상만을 놓고 봤을 때 주위 사람들은 이토록 사소한 일로 완전히 멘탈이 무너져버리는 그녀를 이해하지 못할 수도 있다 (여기서 사람은 타인이 느끼는 감정을 사실상 정확히 판단하지 못한다는 것을 보여준다).

다른 예를 들어보자. 침대에 누워 있기만을 극도로 좋아하는 와상벽(clinomania)이 있는 사람이 있다. 그는 모든 시간을 침대에서 보낼 것이다. 그들은 모든 욕망이 고통을 불러일으킬 것이라는 내적인 긴장상태에 있는 사람들이다. 신경쇠약증 환자들 역시 움직이는 것을 싫어한다. 그들은 마치 온몸의 에너지가 다 빠져버린 사람같이 쇠약해 보인다. 그러나 실제로는 이들 또한 자신의 정신적 가치와 상충하는 무의식적 욕망을 억압하느라 에너지를 이미 발생시키고 있는 것이다. 그들의 긴장수준은 너무나 강해서 미미한 욕망이나 아주 사소하게 벌어질 수 있는 불쾌한 상황에서도 긴장의 수용한계치를 쉽게 넘어버린다. 이는 고통으로 연결될 것이다.

도착자들의 경우는 어떨까? 우리가 뒷장에서 살펴볼 그들 특유의 기제, 즉 행동 메커니즘을 사용하여 그들이 가진 긴장을 타인에게 넘겨버림으로서 고통을 피한다.

쥐에게 전기 자극을 주는 실험을 행했다. 쥐들이 허용한계치의 긴장도에 도달할 만큼 전류량을 올려보았다. 그러자 우리 안에 여러 마리의 쥐가 있는 경우에는 서로를 공격하는 양상을 보였다. 상대방을 공격할 때마다 긴장은 그만큼 해소되었다. 그러나 쥐가 혼자 있을 때는 자신의 발을 물어뜯는 자해 양상을 보였다.

　그렇다면 욕망이 꼭 고통을 낳는다고 볼 수 있을까? 모든 욕망과 증오가 우리의 내적 긴장을 끌어 올리는 건 사실이다. 하지만 만일 그 욕망이 본인 스스로 인지하는 욕망이고 현실적인 욕망이라면 견딜 수 없을 정도의 압도적인 긴장을 발생시키지는 않는다.

충동에 대응하는 방식은 사람마다 같을까?

갓난아기가 결핍을 느낀다면 그 결핍을 즉각적으로 충족시켜 주길 원할 것이다. 당장 충족되지 않으면 소리를 지르고 울어젖히면서 화를 바깥으로 표출할 것이다. 영국의 정신분석학자 멜라니 클레인(Melanie Klein)은 이러한 상황을 '사랑하는 대상(어머니의 젖가슴)에 대한 분노'라고 말한다. 사랑하는 대상(젖가슴)은 한 때 자신의 결핍을 채워주는 대상이었으나, 순간적으로 부재가 느껴질 때엔 내적 긴장이 발생된다. 시간이 흘러 영아가 유아가 되었을 때 욕망의 대상을 충족시켜 주지 않으면 아기는 발을 동동 구르며 울 것이다. 자신의 욕망을 뒤로 미룰 줄 아는 법을 배우는 시기인 잠복기가 시작되는 것은 예닐곱 살이 되었을 때다.

　한 사람의 인격은 영유아기 때 대부분 형성된다. 프로이트가 "아동은 성인의 아버지다"라고 말할 정도로 인간의 모든 인격은 6세 이전에 결정된다고 알려져 있다. 인정되지 않은, 혹은 채워지지 않은 욕망은 내적 갈등과 그에 수반하는 이차적인 갈등을 일으킨다. 우리들 대부분은 이러한 기호와 혐오를 잘 조절하는 법을 배우고, 이 결핍과 타협하거나 나중으로 미룰 줄을 안다. 무의식적인 충동을 다스리기 위해 우리는 주로 방어기제라 부르는 무의식적 메커니즘을 가동한다.

그러나 어떤 사람들은 내적 갈등을 견디지 못하고 정신착란 및 투사 등으로 분출해낸다. 도착자들이 바로 이러한 사람들이다. 뒷장에서 살펴볼 특수한 기제를 사용함으로서 타인에게 자신의 충동을 투사해 내거나 타인에게 해를 끼치면서 스스로의 충동을 약화시키곤 한다.

충동과 도착

도착(perversion)이라는 용어는 '전도시키다'라는 라틴어 단어인 'per vertare'에서 온 것이다. 도착이란 충동의 일반적인 목표와 대상이 뒤집힐 때 발생한다. 지금부터 '목표의 전도' 혹은 '대상의 전도'에 대해 생각해보자.

가령 성적 도착의 개념을 정확히 끌어내기 위해서는 우선 사랑하는 관계에서의 목표와 대상을 정의해야 한다. 어떤 종교에서는 성관계의 유일한 목표를 '결혼의 신성한 관계를 내면적으로 연결시키는 것'으로 정의한다. 그때부터, 그들의 시각에 따르면 결혼 이외의 관계에서 성관계를 맺는 것은 모두 도착이 되는 셈이다. 목표에서 벗어나기 때문이다.

도덕이나 규율은 도착을 정의하기에 충분치 않고, 사람들마다 규정짓는 그 한계가 각각 다르다. 만일 어떤 사람이 성관계란 "두 성인이 합의하에 함께 기쁨을 느끼는 것"이라고 정의했다고 치자. 그렇다면 서로 기쁨을 나누기 위한 목표 이외의 것, 즉 고통, 우월감, 종속감 등을 느끼기 위한 것이라면 모두 도착이 되는 것이다. 그리고 관계의 대상이 합의한 두 성인이 아닐 경우 이 역시 도착이 될 것이다.

충동은 어디로 흘러가는가?

프로이트 학설[3]에 따르면 방어기제는 나의 일부분이다. 좀 더 자세히 말하면 내 무의식의 일부분이다. 신경증 환자들은 자신의 충동을 의식의 바깥으로 억압한다. 그 충동이 자신의 가치관과 충돌하면 그 충동들을 '잊는다'. 그러면 그 충동은 무의식의 일부로 억압되는 것이다. 하지만 충동은 다시금 의식세계로 침투하려고 호시탐탐 기회를 엿본다. 그러나 방어기제가 있기에 무의식적으로 충동을 조절할 수 있고 애초의 목표에 의존하지 않더라도 그 충동을 없앨

3 지형학적 정신구조론

긍정의 팁

충동을 다스리는 법─대체형성

부부가 심하게 다툴 때 일부러 공격성을 억압하거나 배우자에게 폭력을 행사하기보다는 차라리 접시를 깨는 것이 바람직하다. 대상을 배우자가 아닌 접시로 대체하는 것이다. 이는 '대체형성(substitution)'이라는 방어기제인데, 폭력과 관계된 목표 및 대상을 다른 것으로 바꾸는 것이다. 의지에 따라 목표와 대상을 다른 것들로 바꿀 수가 있다. 그러나 중요한 것은 원래의 목표를 버리고 에너지를 없애는 것, 그래서 무의식적으로 갖고 있는 자신의 도덕적 가치관과 충돌을 일으키는 상황에 애당초 들어가지 않는 것이다. 여러 방어기제들 중 어떤 방어 기제는 지향해야 할 '올바른' 태도에 맞춰지는 반면 어떤 기제들은 병리적인 특성을 보이기도 한다. 어떤 기제들은 앞서 말한 정신적인 에너지를 없애는 반면 또 어떤 기제들은 정신적 에너지를 없애지 못한다.

수 있다.

충동이 서로 충돌할 때에는 자신의 충동을 판타지화하거나, 충동의 충돌로 인해 고통이 발생되는 장면을 반복적으로 상기할 수 있다. 예를 들어 설명해보겠다. 살바도르는 매일 자신의 직장상사에게 무시와 모욕을 당하면서도 입을 꾹 다물고 참기만 했다. 퇴근 후 그는 집에 돌아오면 낮에 있었던 일에 대해 필름을 다시 돌린다. 그의 상상 속에서 그는 상사에게 입에 담지 못할 거친 욕을 퍼붓는다. 그의 판타지 안에서만 살바도르는 멋진 남자의 역할을 맡는다. 그러나 이러한 방어기제는 사실 그의 걱정을 없애줄 수 없을 뿐만 아니라 오히려 에너지만 더 극심하게 소진시킬 뿐이다.

정상인이라도 어느 정도는 신경증, 정신증, 도착증 특유의 방어 기제를 사용하기도 한다. 그러나 정상적이지 못한 신경증 환자는 어김없이 정신증적, 도착적인 방어기제를 사용한다. 도착증 환자들은 투사와 부정에 기반을 둔 기제를 사용한다.

자아는 충동 순간(le ça)의 욕망들과 초자아의 금지, 그리고 외부 세계와 타협하며 존재한다. 충동을 없애기 위해서 자아의 방어기제라는 무의식적 기제를 사용하는 것이다.

● 불특정 지칭어인 '그것(le ça)'으로 지칭되는 충동 심급(충동적 순간)은 완전히 무의식적인 것이다. 충동 심급은 쾌락의 원칙에 지배되곤 하는데, 거기엔 법도 없고 금지도 없다. 충동 심급은 욕망, 결핍, 감정, 억압된 기억으로 형성되어 있고 자연스레 에너지를 표출하려는 경향을 보인다.

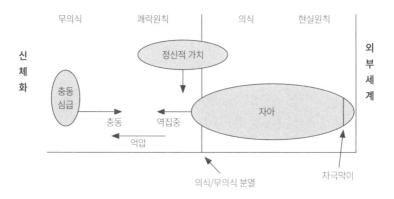

죽음에 대한 수용─해제반응

어머니가 돌아가신 지 1년 후, 소피는 또 다시 아버지의 임종을 지켜야 했다. 당시 아버지의 죽음을 도저히 받아들일 수 없었던 그녀는 집안으로 숨어들어 자신만의 공간에서 칩거했다. 15년이 흐른 뒤 이유를 알 수 없는 깊은 슬픔에 사로잡힌 채 오열하는 자신에 대한 정신분석을 시작했다. 분석을 시작한 후 시간이 얼마간 지나자 그녀는 마침내 털어놓았다.

"어떤 날 밤에 꿈을 꾸면 저는 아버지의 죽음을 다시 목격해요. 동공이 풀린 아버지의 텅 빈 눈동자를 다시 봐요. 당시에 제 자신에게 허용하지 않았던 슬픔을 꿈속에서 너무나 고통스럽게 느끼며 통곡해요."

이러한 현상을 정신분석학에서는 해제반응(억압에 의해 무의식화된 감정이 의식화, 외면화되는 반응_역자 주)이라 부르고 혹은 사후반응이라고도 한다. 자신을 보호하기 위해 소피는 고통을 미루고 억압해온 것이다. 그리고 에너지를 충분히 회복하고 난 이후에야 그녀는 비로소 부모님의 죽음에 대해 애도하도록 스스로에게 허락하고 내부의 긴장을 떨쳐낼 수 있었다.

● 초자아(도덕가치)는 대부분의 경우 무의식적이다. 초자아는 자신의 정신적 가치와 양육자로부터 받은 이상적인 가치를 포함한다. 이러한 가치에 위배되는 모든 충동에 반대하며 자아를 억누른다.

● 자아는 주로 의식적이다. 현실의 원칙에 지배되며, 무의식적 자아의 일부에 방어기제가 있다. 만일 자아의 충동이 초자아의 금지와 충돌하면 '초자아의 위임을 받은 자아는 본능적으로 촉발된 충동인 그것(le ça)을 저지한다'라고 프로이트는 말한다. 그러한 이유

로 자아는 충동과 동일한 질량의 에너지를 충동의 반대 방향으로 분출한 뒤 충동의 방향으로 쏠린 정신 에너지의 집중을 저지한다. 그러면 충동이 억압될 수밖에 없다. 충동이 초자아의 정신적 가치와 충돌하거나, 너무도 강한 긴장을 일으킨 나머지 정신세계에 위험신호가 켜질 경우, 충동을 막고 정보의 전달을 지체시키는 것이 억압이라 할 수 있다. 그로써 충동은 무의식의 세계에 박히게 되는 것이다.

충동(혹은 추동)이란 심리적 에너지이자 내적 갈등의 매개이므로 어떻게든 무의식의 세계를 뚫고 나와 표출되고 싶어 한다. 그 표현 방법으로는 꿈, 말실수(실언), 자신도 모르게 나오는 행동, 신경증적 증상, 그리고 신체화(somatisation, 정신적 고통이 신체의 고통으로 나타나는 것_역자 주) 등을 들 수 있겠다.

살인과 자살 충동

살인과 자살 충동에 대해 인지하기 위해서는 우선 자신의 마음을 들여다보고 분석해야 한다. 자신이 가진 궁극적인 삶의 목표와 신념, 그 신념을 뒷받침하는 가치를 되짚어보고 마음속에 새겨야 하는데 이는 모두 본인의 몫이다.

예를 들면 첫 번째 신념이자 원칙은 '그 어떤 것도 죽이지 말라'일 수 있다. 이 원칙을 이해하고 마음속에 되새김으로써 흉기를 사려는 생각을 접거나 나를 괴롭히는 누군가를 죽이려는 마음을 단념할 수 있다. 그리고 살해 충동을 떨쳐내기 위해 다른 방법을 찾아야 한다. 만일 내가 고기를 먹고 싶다면, 내가 직접 도축을 하거나 다른 사람에게 돈을 주고 나 대신에 그 일을 시켜야 한다. 이러한 경우를 우리는 '대리 행위'라고 부른다. 육식을 하지 않는 독실한 불교신자들의 경우에는 미물일지라도 살아있는 그 어떤 생명도 죽여서는 안 된다는 신념을 갖고 있기에 살충제를 쓰지 않는다고 말할 것이다.

이런 것처럼 행동의 기준은 개인의 신념에 따라 그 한계가 다르다. 노동운동이나 여성운동은 행동의 성격은 다르나, 둘 다 사회의 부조리와 그 결과에 대항하여 싸우는 행위이다. 그러나 조심해야 할 점은 사실상 이러한 사회운동이 개인의 내적충돌을 표출하는 한 방법이 되어 자신과 생각을 달리하는 사람을 '적'으로 규정하고 만다는 사실이다. 가령 투우 경기 중 소에게 가해지는 폭력에 반대하는 사람이 있다면 그는 도리어 자신의 내부에 있는 폭력성과 공격성을 투우사에게 격렬하게 쏟아낼 것이다. 인종차별 반대론자가 인종차별자를 도리어 증오하고 차별하는 것도 마찬가지의 예다.

정신분석을 비롯하여 우리가 선택한 모든 종류의 심리 치료법들은 내적 갈등을 해결할 수 있도록 도움을 준다. 우리의 충동에너지가 자연스럽게 제자리를 찾고, 개인이 소중히 여기는 가치에 따라 계획을 세우고 사회에 도움이 될 수 있도록 돕는다.

격렬한 분노 이면에 다른 것이 숨어 있다

내 환자 중 줄리앙이라는 청년은 회사 내 노동조합원으로 활동한다. 그가 언젠가 상담 중 자신의 속마음을 드러내는 실언을 하였다. 자신이 목격한 사회적 부조리를 격렬히 토해내면서 그는 어떻게 해서 노동운동에 참여하게 되었는지를 설명했다. "그래서 제가 '부권적 사측'의 반대편에 서겠다고 결심하게 된 거죠."

그의 실언에 대해 곰곰이 생각해보았다. 그가 말한 '부권적 사측'이라는 단어는 무엇을 의미하는가? 아버지와 상사를 섞어놓은 단어 아닌가. 줄리앙이 사용한 방어기제는 대체형성(substitution)이다. 대상을 대체하여 자신의 감정을 전이시키는 것을 말한다. 다시 말해 상사에 대항하여 싸우는 행위를 통해 그는 실제 부모에게 보복하려 한 것이다. 그는 정신분석치료 이후에도 노동조합원으로 계속 활동 중이다. 하지만 이제는 상사에게 대항해서 싸우는 것이 아니라, 사규 존중에 대한 권리를 주장하는 쪽으로 방향이 바뀌었다. 이것이 치료 이후의 변화였다.

부정, 자기애의 병리적 증상

도착자가 사용하는 첫 번째 기제는 '행위화'다. 그들은 충동을 참지 못한다. 행동으로 옮김으로써 자신의 충동을 외부로 쏟아낸다. 그들은 법을 알고 있다. 그들이 하는 행동이 비난받아 마땅함을 알고 있다. 그러므로 행동으로 옮길 시에 그 행동의 원인과 범위를 부정해야 하고, 그가 느껴야 할 죄책감을 다른 사람이 느끼도록 만들어야만 한다.

몸이 안 좋아 병원에서 여러 검사를 마친 쟌느는 마침내 검사결과를 듣기 위해 다시 의사를 찾았다. 결과지를 보며 의사는 굳은 표정으로 쟌느의 병이 다름 아닌 암이라고 말했다. 그러자 쟌느는 "어머나 다행이네요 선생님. 암이었다면 전 정말 충격을 받았을 거에요"라고 대답하는 것이 아닌가. 이

focus ···················

악성(도착적) 자기애자는 폭력적이거나 극단적인 병리상태에 빠지지 않는다. 대부분의 사이코패스는 자신의 충동을 물리적인 행동으로 쉽게 옮긴다. 반면 악성 자기애자는 냉정을 잃지 않는다. 왜냐하면 그의 광기를 받아주는 샌드백과 같은 누군가가 있기 때문이다. 피해자 당사자와의 관계에서가 아닌 외부의 눈으로 보면, 그는 일견 건실한 사람으로 보여질 수도 있다. 주위 사람들에게 칭송받고 주어진 환경에 잘 적응할 줄 알며, 겉보기에 매우 매혹적인 사람들로 비춰지는 경우가 많다.

처럼 너무나 견디기 힘든 정보는, 마치 존재하지 않는 사실처럼 전면적으로 그리고 송두리째 부정하게 된다.

부정은 현실을 거부함으로써 자기 정신을 보호하는 방법이다. 그 현실은 외부적 현실일 수도, 내부적 현실일 수도 있다. 누군가의 죽음을 들었을 때 흔히 곧바로 "에이, 그럴 리가" 하며 부정하는 모습을 볼 수 있다. 누군가의 죽음을 보며 겪는 상실감은 견딜 수 없을 정도로 고통스러우므로 그 사실을 일단 부정하기 마련이다.

자기애(나르시시즘)의 병리적 증상으로, 행동의 결과로 빚어지는

충동적 에너지, 결핍에서 욕망까지

현실이나 고통을 부인하는 모습을 자주 보게 된다. 예를 들어 성도착자의 경우 그의 신원이 드러나는 상황이 되면, 여자가 자신을 도발하는 미니스커트를 입고 먼저 유혹을 했으므로 본인의 행동에 책임이 없고 정작 잘못은 상대 여자에게 있다는 논리를 편다. 이와 마찬가지로, 아이를 때리는 부모는 '귀한 자식은 매로 키워야 한다'는 논리를 펴며 자신의 폭력 행위를 정당화한다. 폭력을 사용한 근원과 행동의 결과에 역시 '부정'의 기제가 적용되었다.

부정은 억압과 다르다. 억압은 신경증적인 방어기제다. 억압은 충돌이나 갈등 자체를 부정한다. 그러나 억압된 갈등은 아예 없어지는 것이 아니라 비로소 의식의 범위를 벗어나 내면화되고 무의식의 세계로 들어간다. 앞서 보았던 소피의 예를 보자. 부모를 잃었다는 상실감과 고통은 억압기제에 의해 자연스런 감정의 발산을 막아버렸다. 성도착자의 경우 혹은 폭력부모의 경우라면 죄책감을 낳는 행동에 대한 책임을 아예 존재하지 않았던 것처럼 부정해버린다.

이런 사례도 있다. 프랑크와 결혼한 마갈리의 고백이다.

"집에 프랑크의 친구들을 초대하거나, 우리부부가 그의 친구 집에 초대받아 가면 프랑크는 더없이 멋진 사람이었어요. 우린 즐거운 시간을 함께 보냈죠. 그런데 언젠가 그의 친구 중 한 명이 저를 두고 '굉장히 아름다운 여자'라고 칭찬해주더라고요. '프랑크, 자네 아내는 정말 아름다워. 저렇게 아름다운 아내가 자네를 진심으로 사랑하는 게 느껴지네'라고 말하더군요. 그런데 그때부터 프랑크가 돌변하기 시작했어요. 제 친구들을 만날 때마다 항상 그녀들을 유혹하려 하는 게 아니겠어요. 그리고는 이 모든 게 다 제 탓이라고 몰아붙이곤 했어요."

우리는 모두 부정적인 충동(공격성 등)을 느낄 때가 있다. 그러나 우리가 지니고 있는 정신적 가치와 이상적인 자아상이 그 충동을 행동으로 옮기는 것을 막아준다. 프랑크의 경우 그를 둘러싼 주변 인들을 '내 친구들/ 네 친구들'로 이분화하여 오직 '내 친구들'인 그의 주변인들만 중요하게 여기고, 그들에게만 자신에 대한 좋은 이미지를 심어주려 하였다. 자기 옆에 있는 아름다운 아내를 오직 자신의 가치를 높이는 수단으로만 이용했다.

프랑크는 마갈리의 친구들 앞에서는 그녀의 이미지를 실추시키고 도리어 그녀를 책망했다. 그럼으로써 프랑크는 그의 친구들 사이에서는 좋은 평판을 누리고, 마갈리의 친구들을 만날 때는 자신의 충동을 마음껏 발산한 것이다. 게다가 책임과 비난은 무조건 그녀에게로 전가해버렸다. 그 뒤 마갈리는 프랑크와 결별하였다. 속상한 일은 이혼한 후에도 벌어졌다. 프랑크의 거짓말에 현혹되어 마갈리를 나쁜 사람으로 여기게 된 일부 자신의 친구들과도 어쩔 수 없이 연을 끊어야만 했다.

죽음 같은 몇몇의 예외적 경우를 제외하고, 부정은 정신증과 경계선 병리현상에 속한다. 부정함으로써 정신적 갈등 자체가 아예 존재하지 않는 것처럼 느낀다. 부정은 억압과는 달리 갈등을 일으키지 않는다. 도착자들은 부정을 자신의 책임을 면하기 위해, 혹은 그가 저지른 행위의 결과로서 수반되는 현실을 받아들이지 않기 위해 사용한다. 그러나 부정은 초자아에 맞서기엔 힘이 부족한 기제이므로 도착자들은 상대방에 그 죄책감을 투사해버린다. 이로써 자신은 그 죄책감에서 자유로워지는 것이다.

만일 도착자가 그의 욕망을 억압하지 않는다면 이는 그가 법을 모르기 때문이 아니다. 욕망을 참을 능력이 없어서다. 도착자는 자신의 충동을 뒤로 미룰 수도 없고, 충동을 행동으로 옮김으로써 생성되는 죄책감과 관련된 내적갈등을 견뎌낼 수도 없다. 행동으로 옮기기 위해서는 정신적 가치를 부정하는 것만으로는 그 힘이 부족하다. 도착자는 또한 자신을 좋은 자아와 나쁜 자아, 이렇게 둘로 분리하여 생각한다. 좋은 자아상만을 취하고 나쁜 자아상은 바깥으로 쏟아내곤 하는데, 이때 다른 사람이 자신의 나쁜 자아상을 대신 짊어지도록 만든다.

분열과 투사동일시

인간은 기본적으로 분열되어 있다. 인간에게 무의식의 세계가 있다는 사실 하나만으로도 이를 알 수 있다. 한밤중에 꾸는 꿈은 어디서 오는 것일까? 왜 자신이 모르는 사이 실언을 하거나 의도치 않은 행동을 하고, 하려던 행동과 정반대의 행동을 하게 되는 것일까? 심리적 증상과 정신·신체적 증상의 근원은 무엇일까? 죄책감과 정신적 고통은 어떻게 자리 잡게 되는 것일까?

이 모든 예는 무의식의 세계가 존재함을 보여준다. 분열은 주로 의식과 무의식을 나누는 수직적인 구분이다. 물론 수평적인 분열도 될 수 있으며, 인격이 둘로 나뉘어질 수도 있다. 극단적인 경우 〈지킬 박사와 하이드 씨〉처럼 해리가 일어나기도 한다. 한 사람 안에 양립할 수 없는 다중인격이 있을 수도 있다. 지킬박사는 착한 사람이고 하이드 씨는 나쁜 사람이다. 인격과 정신분열은 지킬박사를 착한 주체로, 모두가 바라는 '착한 아이'로 남겨두는 반면 나쁜 충동은 모두 하이드 씨가 맡게 된다.

앞서 살펴보았듯이 도착자들은 그의 충동을 무의식의 세계로 억압하지 않는다. 그들은 자신을 둘로 나눈다. 분열된 자아는 자기의 충동을 행동으로 옮기면서도 착하고 건강한 자아의 한 부분을 남겨둔다. 다시 말해 건강한 자아와 건강하지 못한 자아, 이렇게 두 개의 자아가 공존한다고 볼 수 있다. 건강하지 못한 자아는 역시나 외부로 투사된다. 도착자는 투사동일화를 통해 자신에게 느끼는 죄책감을 타인에게 투사하며 외부로 배출해낸다. 다시 한 번 말하건대, 도착자에게 있어서 피해자란 자신이 행한 나쁜 짓의 결과에 대해 책임을 지는 대상이다.

자신의 감정을 타인에게 투사하기

이혼한 와이프와 번갈아가며 아이를 맡는 프랑크는 그날도 아이를 학교에 데려다주었다. 학교 앞에 도착했을 때 그는 선생님이 몸이 편찮아 학교에서 딸을 늦게까지 맡아줄 수 없다는 사실을 알게 되었다. 프랑크는 아이의 엄마에게 전화를 해서 딸을 다시 맡아달라고 요청했다. 전처는 약속이 있으므로 불가능하다고 대답했다. 프랑크는 분노하며 그녀에게 소리를 질렀다. "혼자만 살겠다고 너는 애를 나한테만 떠맡기고 있잖아!"

상황을 혼자 처리하거나 아이 때문에 곤란해지는 감정을 인정하는 대신, 그는 자신의 무력함을 전처에게 뒤집어씌운다. 그리고 그가 겪은 거절과 관련된 분노를 그녀에게 투사하고 있다.

피에레트는 기분이 좋지 않을 때(특별한 이유 없이 기분이 좋지 않을 때도 포함)마다 자크에게 전화를 걸어 "너는 쓰레기야. 자신밖에 모르는 이기주의자! 너는 암적인 존재야"라고 퍼붓곤 했다. 그렇게 말함으로서 그녀는 자기 자신에 대해 느끼는 감정을 자크에게 투사했다. 그 느낌이란 충동을 행동으로 옮겼다는 사실에 대한 것일 수도 있고, 어린 시절 가졌던 본인에 대한 자아상일 수도 있다. 그러한 부정적인 느낌을 지우기 위해 피에레트는 본인이 가진 문제를 자신의 파트너의 문제인 양 뒤집어씌우고 그를 비난하는 투사동일화의 기제를 사용했다.

"피에레트는 사귀는 사람마다 배신했어요. 그녀의 어머니 역시 아버지를 두고 바람을 피웠고 새로운 애인이 생기자 주저 없이 가족을 버렸다고 말했어요. 그러나 그녀는 언제나 연인관계에서 서로에게 충실함이 가장 중요한 덕목이라고 강조하곤 했죠. 그녀는 저를 다른 남자들과 별반 다르지 않은 바람둥이라고 몰아세웠어요.

어느 날 그녀는 제게 '우리는 가치관이 다른 것 같아(그 말인즉슨, 제가 부정하다는 거죠). 네가 그러니까 나는 바람을 피울 수밖에 없어'라고 말하더군요."

피에레트는 분열 상태이다. 그녀의 초자아의 일부는 연인에게 충실할 것을 요구하고 있고, 다른 일부는 그 반대의 가치를 요구하고 있다. 피에레트는 좋은 가치를 표면적으로 내세우며 자신이 건실한 사람인 것 같은 분위기를 주었다. 그리고 그녀의 결점을 자크에게 투사해내고 있다. 따라서 피에레트는 자신이 전면에 내세운 가치와 상충하는 행위인 부정을 저지르기 위해 남자친구인 자크를 투사동일화 했던 것이다. 그녀는 나쁜 가치를 자크에게 투사하고는 자크에게 부정의 책임이 있다고 짐 지우며 정작 본인은 그 책임에서 벗어난다.

동일시는 개인이 자아를 확장하기 위해 사용하는 일반적인 기제이다. 아이는 자기 엄마나 아빠를 닮기 원한다. 그러던 아이가 자신을 둘러싼 세계와 분리될 능력이 있을 때, 그리고 본인의 개성적 특징을 오롯이 받아들일 수 있을 때 동일시의 기제에서 벗어난다. 악성 자기애자는 자신이 부모로부터 받은 특징 중 일부를 못견뎌한다. 본인이 부모의 특징을 물려받았다는 것을 느끼지만 본인의 것으로 받아들이기를 원치 않는 것이다. 그것을 없애기 위해서 타인에게 그 부분을 떠넘겨버린다.

'투사동일시는 주체가 자신의 일부를 다른 사람에게 투사하는 것으로서, 상대방에게 해를 입히고, 소유하며 조종함으로써 바람직하지 않다고 느껴지는 자신의 충동이 사라진다고 믿는 일종의 환상이다.[4] 동일한 이유로 도착자는 피해자를 비난하고, 자신이 행동으로 옮긴 일에 대한 책임을 피해자에게 전가한다. 충동이 사라진 이후에는 피해자 안에 자신의 죄책감을 투사한다. 그러면서 본인은 착하고 좋은 사람, 심지어 자기가 피해자라는 인식을 상대에게 심어준다.

4 Ionescu S., Jacquet M.-M., Lhote C., 방어기제(Les mécanismes de défense), Nathan University, 1997

2장

말, 악성 자기애자의 주무기

"악성 자기애자들이 특히 좋아하는 무대이자, 주 무기는 바로 말이
다."

폴-클로드 라카미에[1]

"말은 그들의 무기다. 말은 신체적 폭력보다 더 강력하다. 연인을 굴
종상태로 만들기 위해 그들은 말을 이용한다."

시몬느 코르프-소스[2]

1 Racamier P.-C., 악성(도착적) 자기애로부터(De la perversion narcissique), Revue Gruppo
   n° 3, 1987
2 Korff-Sausse S., 악성 자기애자의 아내('La femme du pervers narcissique' in 'La
   perversion narcissique'), Revue française de psychanalyse, PUF, 2003

"갑작스레 반전의 말을 사용하여, 자신의 정체성 결함에 대해 이제 막 인식하기 시작한 사람들을 파괴한다."

알랭 크센세[3]

말의 해석

내 할머니는 군인을 '부엉이'라고 부르셨다. 할머니가 나에게 부엉이 얘기를 할 때마다 나는 부엉이를 군인이라고 이해했다. 이러한 이중의미는 다른 방식으로 사용될 수 있다. 말의 해석은 문화적인 요소와 결합될 수도 있는데, 북아프리카에서 '가젤'은 젊은 여자를 의미한다. 혹은 프랑스에서 '협죽도(pervenche, 보라색 꽃)'는 여자 주차단속원을 지칭한다(과거 프랑스에서 주차단속반 여경들은 보라색 제복을 입었다). 군인을 부엉이라 부르던 나의 할머니는 스스로 무의식 중에 제복을 입은 사람(공권력)에 대한 두려움을 숨긴 것일 수 있다. 그도 그럴 것이, 지난 시절에 나의 할머니는 프랑스 북동부에 살면서 두 차례에 걸친 세계대전을 모두 겪으셨다.[4]

코미디언들은 사람들을 웃기기 위해 언어유희를 한다. 교육자나 철학자들은 대중들이 좀 더 사유하기를 바라는 목적으로, 또한 시

---

3 Ksensée A., '히스테리와 도착' in 'La perversion narcissique', Revue française de psychanalyse, op. cit.
4 정신분석학자의 역할 중 하나는 언어의 표면적 의미를 넘어선 말의 의미를 찾아내고, 필요 시에는 환자에게 유의미한 병리적 문제들과 결부하여 해석하는 것이다.

인들은 우리의 감수성을 깨우기 위해 언어유희를 사용한다. 그런데 악성 자기애자는 말의 이중의미와 역설을 남용하여 희생양을 자신에게 복종시키고 그들을 비하하는 데 사용한다. 이는 그들의 즐거움의 원천이기도 하다.

말의 기능

자크는 회상한다.

"내가 그녀와 헤어지기를 원할 때마다 그녀는 내게 너무나 멋지고 감동적인 사랑고백을 하곤 했어요. 하지만 내가 막상 그녀 곁에 남고자 했을 때 그녀는 저더러 나쁜 사람이라고 말하더군요. 오랜 시간 동안 저는 그녀의 사랑고백에 대해 자문해 보았어요. '그녀가 내게 사랑한다고 말한 건 진심이었을까?' 모든 것이 정리되고 비로소 정신을 차렸을 때 그녀의 사랑고백이 사실상 고래 사냥하듯 저를 작살로 잡기 위한, 영혼 없는 거짓 멘트였다는 사실을 인정할 수밖에 없었습니다. 그녀는 자신의 능력을 확인하려는 것뿐이었던 것 같아요."

유치원 교사인 실비는 영유아들에게 이야기할 때 '나와 너를 분리'하는 것이 좋다는 것을 내게 다시 한 번 알려주었다. 예를 들면 "가서 우리 쉬하자"가 아니라 "가서 너는 쉬하렴"이라고 말해야 한다는 것이다. 그리고 어머니의 경우, 자신을 "엄마가"라고 3인칭으로 지칭하기보다는 "내가"라고 지칭하는 것이 더 바람직하다. 예를 들면 "엄마가 너 주려고 뭘 좀 준비해놨어"라고 하지 말고 "내가 너 주려고 뭘 좀 준비해놨어"가 더 바람직하다는 얘기다.

말의 첫 번째 기능은 인식의 기능이다. 말의 상징적 해석이 매끄럽지 않은 아이에게 어떤 말을 할 때 우리는 아이를 주체로 둔다. 이때 아이는 어른의 말에 의해 지칭되고 증명된다. 말을 통해 아이는 사물과 타자로부터 분리되고 혼돈에서 벗어날 수 있다는 점에서, 말은 세상을 구성하는 매개체다.

아이가 말의 상징적 해석이 가능해질 때 즈음 말은 법의 매개체 역할을 한다. 예를 들면 '근친상간의 금지'라는 말을 통해 세대가 구분되고 주체는 자신의 위치를 인식한다. 이런 경우의 말은 '생명의 말'이라 할 수 있다.

그러나 말의 잘못된 해석은 혼돈과 무개념을 초래하고, 심지어 근친상간(이 부분은 뒤에서 자세히 살펴보기로 한다)을 상징하게 될 수도 있다. 삶의 충동이 일어나기 위해서는 한 개체로서 존재의 인식, 그리고 육체적 정신적 경계가 있어야 한다. 그러나 잘못된 말의 상징은 이 모든 것을 불가능하게 만든다. 이 경우 말은 '죽음의 말'이 된다.

언어, 정보의 전달매개

피에레트는 남자친구인 자크에게 둘의 관계는 이제 끝났다고 말했다. "내 말 똑바로 들어. 우리는 이제 끝이야." 그 말은 자크의 마음에 비수를 꽂았다. 마음에 큰 상처를 입은 채 자크는 그녀의 집을 나왔다. 다음날 피에레트는 그에게 전화를 했다. "어제는 왜 갑자기 떠나버린 거야? 넌 나를 버렸어. 왜 그런 나를 붙잡지 않았지? 너는 언제든 나를 떠날 준비가 되어 있었던 거야."

피에레트의 말은 사실과 정보를 전달하고 있지 않다. 그녀는 단지 남자친구에게 영향력을 행사하고, 상처를 주며, 조종하기 위한 목적으로 말을 사용하고 있는 것이다. 그녀는 자신의 분리불안을 남자친구에게 전가하며 그를 비난하고 그에게 책임을 떠넘긴다. 본인이 희생양인 것처럼 말하면서 그들 커플 사이에 발생한 위기에 대한 죄책감을 피해버린다.

마갈리는 남편 프랑크의 질투가 병적이었다고 회고한다.

"어느 날 우리는 극장 앞에 있었어요. 어떤 남자가 나를 보고 있었다는 사실을 그가 눈치 챘죠. 그는 제 옆구리를 팔꿈치로 한껏 세게 치며 저를 음탕한 여자로 몰아가는 거예요. 남자의 시선을 끌기 위해 온갖 짓을 다 한다며 비난하면서요. 1년 후 프랑크는 다른 여자와 딴살림을 차려서 결국 저를 떠났어요. 알고 보니 그 여자와는 이전부터 꽤 오랫동안 만나고 있었더라구요. 그렇게 그가 떠난 후 그가 저와 함께하는 동안 거침없이 내뱉었던 저에 대한 비난, 그 모진 말들이 끊임없이 생각나며 저를 괴롭혔어요."

프랑크 역시 말장난을 통해 순전히 자신을 위한 이익을 엄청나게 쌓아가고 있었다. 상대방을 조종·지배하고 투사하며 그의 불안을 아내에게 떠넘긴다. 그녀에게 죄책감을 주며, 자신이 가지고 있는 부정적인 자아상에서 느끼는 심리적 불편감을 그녀에게 투사한다. 아내를 위협하고 자신을 정당화하며 충동을 분출한다. 그녀를 음탕하다고 몰아세우고 폭력을 쓰면서 자신은 되레 부정한 행동을 하는 것이다. 내면 깊숙한 곳에서 프랑크는 자신이 사랑받을 수 없는 존재라고 느낀다. 그러나 자신이 더 나은 사람이 되려고 노력하기보다는 오히려 상대방을 비하하는 방법을 사용한다. 이러한 방법으로 그는 그의 내적긴장을 아내에게 전가하면서 푼다.

말을 하는 일차적인 목적은 정보를 전달하는 데 있다. 그러나 말은 발화자의 책임과는 무관하게 어떠한 영향력을 만들어낸다. 예를 들면 누군가가 죽었다는 부음을 전하는 것은 듣는 이를 슬픔에 빠뜨린다. 하지만 그 말을 전해준 사람은 아무런 잘못이 없다는 것을 우리 모두 잘 안다.

우리는 지금 말의 원래 목표와 화자의 의도의 도착에 대해 이야기하고 있다. 그들은 정보를 전달하려고 말을 하는 것인가? 아니면 말에 따른 효과를 노리고, 혼돈 상태를 계속 유지하며, 상대방을 상처주고 조종하려고 말을 하는 것인가?

역설적 커뮤니케이션[5]

말 돌리기

궁극의 수수께끼가 여기 있다. "아무것도 생각이 안 나는데, 생각을 멈출 수 없는 것은? 정답은…… 역설."[6]

도착자는 피해자를 자신에게 종속시키기 위해 역설적인 방법을 사용한다. 희생양을 역설적인 말의 미궁 속에 던져놓으면 그들은 상대방에게 거리를 둘 수도, 건강한 생각이나 반응을 할 수도 없다.

역설적인 말의 예를 들어보자.

"내가 하는 말은 모두 거짓이다. 만일 내가 하는 말이 사실이라면 나는 거짓말쟁이다. 만일 그가 거짓말쟁이라면 그가 하는 말은 모두 참말이다."

이러한 역설적 커뮤니케이션에 대해서는 미국학자인 베이트슨 (Bateson, 1956), 웨클랜드(Weackland)와 잭슨(Jackson, 1960), 와트잘라윅(Watzalawick, 1967), 그리고 프랑스 학자인 설즈(Searles)[7]와 라카미에(Racamier)[8]가 연구한 바 있다.

---

5 Watzlawick P., Weakland J., Fische R., 변화: 패러독스와 정신치료(Changements: paradoxe et psychothérapie), Point Seuil, 1981

6 Racamier P.-C., 정신분열증자(Les schizophrènes), Payot, 2001

7 Searles H., 타인을 미치게 만들기 위한 노력(L'effort pour rendre l'autre fou), Folio Essais, Gallimard, 2002

8 Racamier P.-C., 정신분열증자(Les schizophrènes), *op.cit*

"피에레트는 제게 말하곤 했죠. '나는 너의 세포핵은 사랑하지만 세포질은 사랑하지 않아.' 제가 떠나는 것은 마치 그녀가 사랑하는 것을 그녀에게서 빼앗는 행동인 것 같고, 제가 남아 있는 것은 마치 그녀의 말처럼 제 존재를 그녀에게 강요하는 것 같았습니다. 그녀는 저의 모든 말과 행동을 곡해했어요. 제가 친구들을 만나면 바람을 피웠다며 저를 비난했고, 농담을 하면 자신을 조롱한다고 생각했어요. 그래서 저는 제가 하는 모든 말과 행동을 극도로 조심하게 되었죠. 그러자 그녀는 또다시 '넌 너무 어색해! 좀 자연스럽게 행동해!'라며 저를 비난했어요.

  우리가 헤어진 후 다시 만났을 때 그녀는 '난 널 사랑해. 그렇지만 너와 있을 때 너무 힘들었고 그래서 헤어지길 원했어'라고 말했어요. 그러나 제가 그녀를 떠나고 그녀가 나를 잡았다라는 것을 상기시켜주자 그녀는 '나는 너에게서 완전히 멀어졌어. 그리고 너와 새로운 삶을 꾸리고 싶었고……'라고 또다시 저를 미궁 속으로 몰아넣는, 의미를 알 수 없는 말을 했어요. 다행히도 당시 제가 그녀에게서 거리를 둔 상태였기 때문에 쉽게 그녀 말의 독성을 간파할 수 있었습니다."

그날은 아들을 맡는 날이었어요. 여자친구가 그날 제게 전화를 해서 저와 함께 저녁을 보내고 싶다고 말했죠. 저는 오늘은 아들을 돌봐야 해서 못 만난다는 말을 차마 할 수가 없었죠(프랑스에서는 이혼한 부부 사이에 자녀가 있을 경우 반드시 번갈아가며 아이를 맡아야 하는데, 이는 친권자의 중요한 의무다_역자 주).

그래서 "난 지금 아들이랑 있는데, 네가 원한다면 애를 엄마한테 다시 데려다 놓을게. 그런 다음 오늘 저녁에 만나자"라고 말하긴 했어요. 하지만 아무래도 좀 불편한 상황에 놓이게 되었어요. 그녀가 '그래, 그럼 아들을 아이엄마 집에 데려다주고 와'라고 말을 해도, 혹은 '그냥 오늘밤은 만나지 말자'라고 말을 해도, 그 어떤 상황이라도 저는 마음이 불편할 수밖에 없는 상황이 된 거죠. 그런 경우 어떤 선택을 해도 저는 나쁜 사람이 될 수밖에 없으니까요.

역설이란 행동, 사고, 감정, 현실의 인식에 제동을 건다. 역설적 명령은 올바른 정신활동을 못하도록 막는다. 역설적인 말을 들은 주체는 그 말에 매달릴수록 현실 검증 능력을 조금씩 잃어간다. 우리 모두 역설적 명령에 의존해야 하는 상황에 놓일 때가 있다.

악성 자기애자와 달리 신경증자의 경우는 이렇다. 신경증자는 상대방을 비하하기 위해, 혹은 자신의 불안을 투사하기 위해 역설적 의사소통을 무기로 사용하지 않는다. 정상적인 사람은 자기가 뱉은 말의 파괴적인 성질을 깨닫고 변명이나 설명, 명확한 입장 정리, 책임 표명 등으로 발화의 의도를 구분하여 이를 가다듬어 말한다.

위에 소개한 두 번째 사례의 주인공은 그 후의 일을 다시 이야기해 주었다.

"한 시간 후에 저는 그녀에게 다시 전화해서 말했어요. '있잖아, 오늘 아들을 맡아야 해서 아무래도 못 만날 것 같아. 그렇게 하는

게 좋을 것 같아. 오늘 저녁에 우리가 못 만나는 건 전혀 네 탓이 아니야.' 이렇게 함으로써 제 여자친구가 책임을 대신 느끼지 않게끔 해주었어요. 예전의 나는 아이처럼 굴었죠. 직접 말할 용기가 없어 다른 사람을 시켜 대신 말하곤 했어요."

5살인 시릴은 조부모님 댁에 가면 할아버지를 무서워해 볼에 뽀뽀를 하지 않는다. 할아버지는 화가 나서 소리를 지른다. "할아버지를 보면 안겨서 인사를 해야지!"

물론 서로 친밀한 행동을 하자는 말이겠지만 시릴은 할아버지 목소리에 분노가 섞여 있음을 느낀다. 아이는 이때 상반된 강압을 느끼게 된다. 만일 할아버지의 볼에 뽀뽀를 하지 않으면 할아버지를 화나게 만드는 나쁜 아이가 될 것이다. 만일 뽀뽀를 하면 심리적 위험을 느낀다. 시릴이 어떤 선택을 하든 그의 선택은 나쁜 선택이 될 수밖에 없다. 그는 할아버지가 하는 말과 그 의미를 그대로 믿어야 할까? 그는 (할아버지가 무섭다는) 현실을 일부 부정해야만 할아버지의 명령에 따르는 게 그나마 가능할 것이다.

시릴은 얼음처럼 굳어졌지만 할아버지가 무서워 결국 볼에 뽀뽀를 해드렸다. 평소 배변을 잘 가리던 시릴은 그날 이후 할아버지 집에만 가면 잠자리에서 오줌을 싸게 되었다.

폴-클로드 라카미에는 다음과 같이 말한다. "역설적 방법은 관계에 영향을 준다. 멋지고도 무력한 관계가 끊임없이 반복된다."

공격자는 계속해서 이렇게 강요할 것이다. "너의 자아와 나 사이에서 선택을 해!"[9]

이러한 역설적 명령을 통해 악성 자기애자들은 피해자의 자아를 약화시키고, 현실에 대한 판단을 정확히 할 수 없도록 만든다. 상대방을 폄하하고 상대에게 자신의 감정을 투사하면서 공격자는 자기 자신의 갈등을 타인에게 전가시킬 수 있고 우울증에서 벗어난다. 공격자에게는 기쁨이자 자신의 권능을 확인하는 수단이 바로 역설인 것이다. 이렇게 도착적인 방어법을 쓰면서 희열을 느낀다. 다시 말해 상대를 조종하며 기쁨을 느끼는 것이다.

공격자들은 자신의 상태를 잘 알고 있으나 이를 당하는 상대방은 큰 혼란에 빠진다. 악성 자기애자들은 상대방에게 역설적 명령을 내린 다음 곧이어 그를 폄하하면서 만족감을 갖는다. 이토록 혼란을 초래하는 가운데 그들은 자신이 강하다는 사실에 기뻐하고 있다.

그들은 어떻게 상황을 우회시키나?

악성 자기애자들은 말만 교묘히 돌려 사용하는 것이 아니라 주어진 상황을 우회하여 이용할 줄 아는 비범함을 가졌다. 주변사람들을 조종하기 위해서 외부 요소들을 이용해 교묘히 장난을 치곤 한다.

---

9   Racamier P.-C., 정신분열증자(Les schizophrènes), *op.cit*

자신의 행동과 상대방에 대한 무시를 정당화하기 위해 대의를 중시하는 체하고, 자신이 피해자인 양 행동하거나 깨달음을 주는 현자인 척 행동한다. 그런 식으로 희생자가 비난 받아 마땅한 상황을 만들고야 만다.

장 피에르는 묘목원을 경영하고 있다. 그는 묘목원에서 직원인 에스텔 옆을 지나가게 되었다. 장 피에르는 그녀에게 "지금 우리가 있는 이곳에서는 대나무가 햇빛 때문에 상할 염려가 있네"라고 말했다. 마음 씀씀이 깊은 에스텔은 무거운 대나무 화분을 힘들게 그늘로 옮겨놓았다. 다음날 그녀가 등에 통증을 호소하자 장 피에르는 그녀에게 말한다. "그건 다 네 잘못이야. 어제 네가 일하는 걸 봤는데 좋지 않은 자세로 옮기더라구. 오늘 등이 아픈 것도 이상한 일은 아니지."

　장 피에르는 에스텔이 무거운 대나무 묘목을 옮기는 것을 보고만 있었다. 도와주거나 조언을 해주기는커녕 그녀가 아플 것을 알면서도 놔두었다. 에스텔의 착한 마음을 칭찬해주지는 못할망정 에스텔에게 "네 잘못이다"라고 힐난하고 있다. 장 피에르는 자기 직원을 비난할 만한 상황을 만들기 위해 이러한 이유를 만들어내고 이용한 것이다.

자크와 피에레트가 헤어진 이후, 피에레트는 자크가 있는 극단 연습실을 찾아왔다. 그가 그간 단절되었던 친구들과의 관계를 회복하기 위해 애쓰고 있던 때였다. 그곳에서 피에레트는 자크에게 보란 듯 거기 있는 남자들을 한 명씩 유혹하려 했다. 자크가 화를 내자 "모두들 봐요. 자크가 문제가 있는 사람이라는 걸 이제 아시겠죠?" 라고 말했다.

피에레트는 상황을 고의로 만들어서 자크에게 정신적 혼란을 일으키고 그가 사람들 앞에서 폭발하도록 만들었다. 다행히 거기 있던 친구들 대부분은 피에레트의 술수를 간파하여 넘어가지 않았다. 그리고는 피에레트가 어떤 의도로 그렇게 행동하는지 알려주었다.

그렇다면 이제 앞으로 분석해볼 바네사, 그리고 그녀의 전 남자 친구인 가브리엘의 이야기를 들어보자.

파국의 나비효과

바네사는 자신의 첫 남편을 어떻게 버렸는지, 자기 남자친구인 가브리엘에게
이야기해 주었다. "우린 고속도로를 타고 있었어. 친구 집에 초대를 받아 근사
한 저녁시간을 보내고 돌아오는 길이었지. 주유소에 잠시 들렀을 때 나는 그에
게 말했어. '나 다른 사람이 생겼어. 우리 헤어져.' 그렇게 말하자 그가 완전 패
닉이 되는 거야."

바네사는 그때의 장면을 떠올리며 즐거워하는 듯했다. 가브리엘은 바네사에게
물었다. "그가 그런 반응을 보이니 즐거웠어?" "응, 너 그걸 어떻게 알았어?"

바네사는 악성 자기애자들이 상대방에게 상처를 주기 위해 사용하는 첫 번째
방법인 '단절'을 다시 시작하려던 참이었다. 거울 속에 비친 자신의 모습을 인
식하는 순간 그녀는 부모님의 관심 아래 자신의 전능함을 느낀다. 자기의 미소
한번에, 혹은 자기 존재 그 자체만으로도 부모님이 자신의 곁을 절대 떠날 수
없을 거라 믿었다.

유아기 때의 바네사는 가족들 관심의 중심에 있었다. 마치 여왕 같았다. 그러
한 행복감에 너무나 도취된 나머지 엄마의 배가 불러오는 것을 몰랐다. 아홉 달
이 지나 남동생이 태어났다. 그때부터 바네사의 세계는 송두리째 무너져버렸
다. 부모님의 관심은 그녀에게서 멀어지고 아기에게로 옮겨갔다. 바네사는 이
내 이 조그마한 요물덩어리를 쳐다보며, 자기만 바라봐야 할 부모님의 사랑과
관심을 앗아가게 만든 주범이라는 것을 알게 되었다. 동생으로 인해 엄마의 젖

을 떼야만 했던 것에 대한 증오가 자기애적 팔루스(phallus, 남근을 의미함. 심리학에서 남근은 판타지적 권력의 상징이다)의 상실로 더해졌다.

바네사의 증오는 어머니에게로 분출되었다. 그러나 버려질지도 모른다는 공포와 어머니를 증오하는 것에 대한 죄책감으로 괴로워하던 바네사는 결국 그 증오를 남동생에게 표출했다. 자신을 난파선에 홀로 표류하게 만든 장본인이 남동생이라 여겼기 때문이다. 그리고는 자신의 넘치는 사랑을 아버지에게 쏟아부었다. 남동생에게 여념이 없는 엄마 때문에 분명 아버지도 자기처럼 외로울 것이므로 이 사랑을 아버지에게 옮기는 것이 득이 된다고 판단한 것이다.

30년이 지난 후, 한 아이의 아버지가 된 바네사의 남동생이 어느 날 사고를 당했다. 남동생은 가까스로 살았으나 함께 동행하던 그의 아들은 죽고 말았다. 바네사는 그 사고에 대한 사무치는 죄책감을 느끼게 되었다. "내가 동생을 너무 미워해서, 동생은 결국 내 저주를 받고 말았던 거야."

바네사는 일생 동안 내내 자신이 태어난 이후 얼마 되지 않았을 때의 그 행복한 순간을 잊지 못하고 그 시절에만 집착하였다. 자신이 욕망하는 것이라면 모두 가질 수 있었던 그 때를 말이다.

케이스 스터디case study

Q : 나르시시즘의 공통적인 병리적 특징은 마치 마법 같은 생각을 한다는 것이다. 바네사의 발달과정에서 볼 때 이런 사고의 기원을 어디서 찾을 수 있을까?

3장

악성 자기애자의 허약한 내면

희생양들과 마찬가지로 악성 자기애자 역시 자기애의 결핍으로 고통 받기도 한다. 그들은 자신감이 부족하고 부정적인 자기상을 갖는다. 그들은 자신이 사랑받지 못할 존재라고 느끼며, 행복한 유년의 기억이 없기에 자존감이 뿌리 내리지도, 인격이 잘 형성되지도 못했다.

허약하고 보잘 것 없는 내면을 보상 받기라도 하려는 듯 그들은 자신에 대한 과대한 이미지를 만들어낸다. 혼란스러운 내면과 약한 자존감, 하지만 역으로 그렇기에 무슨 수를 써서라도 지켜내야 할 자신에 대한 과대한 이미지가 공존하는 것이다. 그렇기에 자아를 과장되게 인식하거나 타인을 폄하하는 모습이 자주 나타난다.

자기상

자기애, 즉 나르시시즘은 자신에 대한 사랑이다. 자신에 대한 인식이자 다른 사람이 나를 어떻게 인지하고 있는가에 연관된 것이다. 자기애는 자신에 대해 갖고 있는 이미지, 생각, 느낌과 연관되어 있다. 심리학자들은 이를 자존감이라고 부른다.

　그리스 신화에 등장하는 에코는 나르시스(강간으로 잉태된 아이)에게 사랑을 느끼게 되지만 그에게 한 번도 고백하지 못한 채 죽고 만다. 그 이후 다른 이를 사랑할 수도, 다른 이가 자신을 사랑할 수도 없다고 믿은 나르시스는 그 사랑을 자신에게로 돌린다. 연못의 물에 비친 자신의 모습에 감탄하며 자기 자신과 사랑에 빠진 것이다. 그러나 연못에 너무도 깊이 몸을 기울인 나머지 결국 물에 빠져 죽고 만다. 그곳에 한 송이 꽃이 피었고 그의 이름을 따서 나르시스(수선화)라고 부르게 되었다.

대상에 숨겨진 나르시시즘

멋진 차를 갖고 있거나, 좋은 여건, 아름다운 집, 훌륭한 외모의 배우자, 어여쁜 아이들이 있을 때 사람들은 보통 자신이 더욱 멋진 사람이 된 것처럼 느낀다. 프로이트는 이를 '대상에 숨겨진 나르시시즘'[1]이라고 부른다.

자크는 말한다.

"피에레트는 의사나 변호사 등 근사한 직업을 가진 남자를 연인으로 선택해요. 그리고 헤어질 때는 늘 '너도 보통 사람들과 한치도 한푼도 다르지 않아'라며 상대방을 비하하고 모욕을 줘요. 저와 헤어질 때는 이렇게 말했었죠. '처음에 난 네가 좋은 사람인 줄 알았어. 나를 도와줄 거라고 생각했는데 그게 아니었어. 너는 사람들이 원하는 그런 종류의 사람이 아니야. 넌 실망스런 인간이야.'"

피에레트처럼 습관적으로 상대방을 비하하는 것은 악성 자기애자들의 대표적인 특징이다. 자크의 증언처럼 피에레트는 남들에게 보여주기 좋은 배우자를 선택하며 거기에서 우월감을 느낀다. 그리고 그 우월감이 수그러들면 다시 자신의 가치를 재확인하기 위해 상대방을 비하하기를 주저하지 않는다.

정상적인 사랑의 관계에서는 연인으로부터 사랑스런 시선을 받을 때 자기애가 솟기 마련이다. 자크 안젤레르그(Jacques Algelergues)와 프랑수와 카멜(Francois Kamel)[2]에 따르면, 악성 자기애자들은 연인과의 관계에서 오로지 상대방에 대해 일방적인 착취 행위를 가한다. 폴-클로드 라카미에는 '악성 자기애자들은 그 누구에게도 고마울 것이 없다고 생각하는 반면 세상의 모든 이가 자신에게 빚을 졌다고 생각한다'[3]라고 말한다.

1 나르시시즘을 소개하며, in La vie sexuelle, PUF, 2002
2 자기애성 도착(La perversion narcissique), Revue française de psychanalyse, PUF, 2003
3 Racamier P.-C., 정신적 번민으로부터 자기애성 도착까지(De l'agonie psychique à la perversion narcissique), Revue française de psychanalyse n°50, PUF, 1986

만일 그들이 자신의 희생양에게 "너는 멍청해" 이런 비하적인 말을 했다면, 그 주장 속에는 '나는 너보다 더 똑똑해'와 같은 다중적인 뜻을 내포한 것이다. 다른 사람을 비하하며 자신을 드높이는 것이다. 그러한 주장에 반박하고 그렇지 않다는 것을 입증해야 하는 것은 피해자의 몫이다. 그러나 방어보다 쉬운 것이 공격이다. 갈등이 고조될수록 공격은 계속 유지되거나 갈수록 심화될 것이다.

악성 자기애자들은 그 상황에서 상대방에게 죄책감을 주며 자신은 그 속에서 교묘히 빠져나온다. 이때 갈등과 죄책감은 피해자의 몫으로 고스란히 넘어간다. 여기서 중요한 것은, 피해자가 자신을 정당화하면 할수록 공격자는 스스로에 대한 불안감에서 놓여나고 은신하게 된다. 이것이 바로 악성 자기애자의 공격 전술이다.

우상의 황혼[4]

주변의 대상에 숨겨져 있는 자기애를 끌어와 내가 빛나는 것이 가능하다면, 그러한 대상을 창조하는 것 역시 가능하다. 구스타프 에펠이 파리의 한가운데에 자신의 이름을 딴, 그의 야심만큼이나 거대한 탑을 세움으로써 자신의 판타지적인 권력(남근, phallus)을 창조했다는 것은 누구나 알 것이다.

---

4 Onfray M., 우상의 황혼(Le crépuscule d'une idole), Grasset, 2010

그러나 대상을 창조해내고 그 대상 속에서 생의 충동을 느끼기 위해서는 충분히 건강한 자기애가 필요하다. 자기애의 결핍은 창조 행위 자체를 힘들게 만들 뿐 아니라[5] 그 속에서 죽음의 충동을 느끼는 사람들도 있다. 많은 사람들이 에펠탑을 창조한 사람의 이름을 알고 있듯이, 마찬가지로 맨해튼 한복판의 쌍둥이빌딩을 폭파시킨 배후 용의자의 이름도 알고 있다.

또한 어떤 이들은 자신의 사고가 뛰어나지 못하다면 차라리 타인의 생각을 비웃는 것이 본인에게 득이 된다고 생각하기도 한다. 사실 정신분석학계에서도 동일한 현상이 종종 나타난다. 프로이트와 다른 사상가들의 생애와 업적을 연구하면서 몇 가지 오류와 약점을 찾아낸 후, 그것으로 자신의 이름을 내세우려 하는 천박한 생각을 갖고 있는 연구자들이 있다. 물론 어떠한 학설이나 저서를 더욱 완벽하게 만들고 한층 더 발전시키려는 생각으로(생의 충동) 건설적으로 비판하는 것은 좋은 일이다. 그러나 누군가가 힘들게 쌓아놓은 학문적 성과를 쉽게 비웃고 흠집 내려는 생각은 전혀 생산적이지 못하다.

예를 들면 프로이트는 아버지를 죽여야 한다고 말한다(어떤 이들은 이런 구절들을 문자 그대로 해석하여 비판한다_역자 주). 그러나 여기서 표현한 아버지란 내면에 있는 자아의 아버지를 가리킨다. 문자 그

---

5 자기애의 결핍이 창조행위를 불가능하게 하는 것은 아니다. 우리가 알고 있는 예술가들 중에서도 자기애의 결핍을 보여주는 사람들이 있다. 자신의 귀를 자르고 〈귀가 잘린 자화상〉을 그린 반 고흐(Van Gogh)가 대표적인 예다.

대로 현실에서 아버지를 거세하고 죽이는 것은 충동을 그대로 행동으로 옮기는 것으로서 악성 자기애자나 할 행동이다. 어쨌든 우리는 이런 유의 비판에서 사랑도 지혜도 발견할 수 없고, 지혜에 대한 사랑은 더더욱 발견할 수 없다. 왜 이토록 프로이트를 증오하는가에 대한 질문에 대해서는 그저 그런 사람들끼리 갑론을박 하도록 놓아두어야 할 것 같다. 그들은 오직 자신의 말에 동요된 사람들만을 설득시킬 수 있을 뿐이다.

갈등을 연구하는 정신분석학은 그 갈등이 자아 내부에서 기인하는 것이든, 사회 속에서 발생하는 외부적인 것이든 한 세기 이상 동안 수많은 연구자, 철학자, 정치학자, 사회학자, 역사학자들에게 깊은 영감을 주었다. 정신분석학은 끊임없이 발전해왔다. 이를 더욱 발전할 수 있도록 비판하는 것은 우리의 몫이다. 그러나 무가치한 비판에 반응하는 것은 그러한 논리를 퍼뜨리기를 원하는 사람들이 원하는 바이므로 무시하는 것이 옳다고 본다.

자기애를 약하게 만드는 환경

묘목원을 운영하는 장 피에르는 여성들만 직원으로 채용하였다. 그는 여직원들에게 '자기'라고 부르고 반말을 하며 지내곤 했다. 이토록 애정 가득한 분위기를 만들어 혼돈을 일으키고 도착적 행동을 보이기 유리한 환경을 조성했다. 그런 뒤 그는 유혹과 비하를 번갈아 하며 매우 남성우월적인 행동을 보여왔다.

장 피에르는 자신이 고용한 여성들이 돈을 벌어야만 하는 상황임을 알고 자신의 지위를 이용해 직원들을 추행했다. 즉 상사-부하직원이라는 수직적 관계를 통해 남근적 권력을 누린 것이다.

공격자는 자신의 희생양이 자기애가 약하다는 것을 간파하고 있다. 이러한 취약한 자기애는 구조화된 것일 수도 있다. 예컨대 자신감 부족과 낮은 자존감은 보통 불행했던 어린 시절과 연관된다.

그런가 하면 자기애는 환경적 요소에 의해 약해지기도 한다. 예컨대 새로운 직장에 취직을 하고 새로운 사람을 만나 자신의 능력을 보여줘야 할 경우, 혹은 알게 된 지 얼마 되지 않아 실수를 저질렀을 때 악성 자기애자들은 어떻게 행동하겠는가? 희생양들을 자신에게 복종시키고, 죄책감을 주기 위해 사소한 실수를 꼬투리 잡으며 괴롭히기 일쑤다. 이렇게 상대방의 자기애를 서서히 무너뜨리는 것이다.

악성 자기애자들은 희생양을 자신에게 복종시키기 위해 그들의 약한 자기애를 이용한다는 사실을 앞서 살펴보았다. 악성 자기애자들은 상대방을 비판하고 비난하면서도 한편으론 상대방의 이미지에서 본인에게 결핍된 부분을 찾아 자신의 것으로 취한다. 희생양이 악성 자기애자의 말에 집착하면 할수록 그들은 더욱 힘을 얻어 상대방을 조종하게 된다.

자신의 이미지를 사랑하는 게 잘못된 것일까?

건강한 자존감을 갖는 것은 인생의 자산이다. 높은 자존감은 유년기 때 생성되는 좋은 자아상에서 나온다. 혹은 주변인들 특히 부모님의 이미지를 통해서도 만들어진다. 자아상을 형성하는 것은 개인의 발달과정에서 반드시 필요한 과정이다. 하지만 타인에 의해 만들어진 자아상은 어느 순간 초월할 필요가 있다.

'사람(person)'이라는 단어는 '가면'을 뜻하는 그리스어 '페르소나(persona)'에서 왔다. 자신의 이미지에 너무 집착하는 사람은 어딘가 모르게 부자연스럽다. 그런 사람들은 자신만의 가치, 생각, 자신만의 인격을 지니지 못한다. 그들은 말을 할 때에도 그들이 진정 느끼는 것을 말하지 못하고 오직 상대방이 들어서 재미있을 법한 말만 한다. 그들이 높이 사는 '가치'라는 것은 자신의 가치가 아닌, 타인 혹은 자신이 속한 집단의 가치일 뿐이다. 동일한 맥락으로, 진정으로 타인과 교류하는 것이 그들에겐 너무도 어려운 일이다. 극단적으로 말하자면 세상과 절연하지 않기 위해 피상적인 인간관계를 유지해나갈 뿐이다.

이런 상황을 겪지 않기 위해 내면의 자아를 용기 있게 마주할 필요가 있다. 자신이 높이 사는 가치를 반추해보고, 장점과 단점을 모두 포함한, 있는 그대로의 자신을 받아들일 필요가 있다. 어쩌면 어떤 이들은 나의 내면의 진짜 모습을 보고 기겁하며 부정할지도 모른다. 그렇지만 괜찮다. 이것이 바로 진정한 자유와 행복으로 가는

악성 자기애자의 허약한 내면

첫걸음임을 잊지 말자. 선불교에서는 다음과 같이 이른다. '나를 공부하는 것은 내 자신을 잊는 것이다. 내 자신을 잊는 것은 내 존재가 온 우주에 각인되는 것이다.'

자기상이란 내면의 집을 짓는 데 필요한 지지대와 같다. 그러나 집을 다 짓고 나서도 그 지지대에 집착한다면 엄청난 내적 에너지를 소모하게 된다. 무엇보다 자기 자신이 고통스러우며 심지어는 마음에 병이 들 수도 있다.

왜 그들은 상대방이 나쁘다는 것을 증명하려 할까?

악성 자기애자의 희생양들에겐 공통점이 있다. 보이고 싶은 자신의 모습과 실제 자기상의 격차를 상대에게 내보이는 실수를 한다는 점이다. 악성 자기애자들은 타인을 통해 자신의 가치를 가늠한다. 가끔 희생양은 자신도 모른 채 악성 자기애자가 갖고 있는 나쁜 자기상을 언급할 때가 있다. 그럴 때면 그 점에 대해 자문해 보기는커녕 오히려 상대의 자아상을 깔아뭉갠다. 악성 자기애자들은 내적 갈등 상태를 견디지 못하는 특징이 있으므로 갈등을 느끼면 그것을 곧바로 타인에게 전가해버린다. 그것이 악성 자기애자들이 노리는 첫 번째 목표다.

그들의 두 번째 목적은 자기상을 높이려는 것이다. 역설적이게도 악성 자기애자는 희생양을 동경한다. 그러나 그런 사실을 발설하지 않고 심지어는 그 반대로 표현할 수도 있겠지만, 실제 그들은 자신이 존경하는 대상하고만 사귄다. 존경하지 않으면 아예 옆에 가까이 두질 않는다.

라셀은 대기업의 영업사원으로 취직했다. 그녀의 팀장 역시 똑같이 영업 업무를 담당한다. 라셀의 잘못이 있다면 누구보다도 열심히 일한 덕분에 상사보다 더 나은 결과를 냈다는 점이다. 그 이후 팀장은 끊임없이 라셀을 괴롭혔다. 라셀이 계약을 따오면 이를 본체만체했고, 근소한 차이로 지각을 한다던지 사소한 일을 까먹는 등의 작은 실수들에도 매섭게 꼬투리를 잡았다.

라셀이 팀장 때문에 우울증에 걸리게 되자 팀장은 "네 스스로 자초한 불행"이라고 비꼬았다.

악성 자기애자들은 사실 자기보다 내면이 더 강한 상대와 접촉함으로써 자신의 가치를 드높인다. 보통의 동등한 관계에서라면 서로 상대방을 좋아하고, 서로 상대방이 더 강한 자기애를 느끼도록 북돋아주는 것이 정상적이다. 그러나 악성 자기애자들은 그렇지 않다. 폴-클로드 라카미에가 말했듯, 그들은 주는 법은 모르고 오로지 받는 법만 안다. 그들은 희생양을 통해 자신의 이미지를 드높이기만 할 뿐 상대의 이미지를 높여주는 법은 결코 없다. 상대방을 끊임없이 비하하고 무시할 뿐이다. 그들이 자신의 증상을 상대에게 투사하지 않을 때도 끊임없이 상대방의 결점을 찾는다.

재미있는 점은, 악성 자기애자도 또 다른 악성 자기애자인 상대에게 걸려들기도 한다는 것이다. 그러나 그들은 차라리 다행이라고 생각한다. 투사할 필요 없이 자신의 증상을 바로 찾아낼 수 있기 때문이다. 이어 나오는 바네사의 예를 살펴보자.

어머니 VS 창녀

#1

바네사가 사춘기 때 그녀의 어머니는 자주 이렇게 일렀다. "나는 아버지 침실을 정리할 테니, 너는 남동생의 침실 좀 정리하렴." 바네사는 처음엔 거부했다. 그러자 어머니는 말씀하셨다. "네가 돕지 않으면 내가 아버지 방 청소도 해야 하고 곧바로 동생 방까지 치워야 되잖니!"

이 말을 들은 바네사는 딜레마에 빠진다. 남동생의 하녀(혹은 아내)가 되더라도 어머니의 일을 덜어줄 것인가, 아니면 마음의 갈등을 피하는 대신 어머니에게 추가로 힘든 일을 얹어줄 것인가? 어머니가 이런 딜레마를 만든 장본인이긴 하지만 바네사는 꾹 참고 어머니의 요청을 받아들여 동생의 방을 치우기 시작했다. 하지만 청소를 하며 남동생에 대한 증오는 더욱 커져만 갈 뿐이었다.

#2

그 일과 함께, 바네사는 어머니가 고통 받는 모습을 보았다. 사실 아버지는 소문난 바람둥이였다. 바네사는 어느날 어머니가 아버지의 애인과 싸우는 모습을 보았다. 또 아버지가 애인의 집에서 나오는 것을 목격했지만 엄마에게 말할 수는 없었다. 엄마가 더 큰 충격과 상처만 받을 것이었기 때문이다. 이로 인해 바네사는 아버지와 공범자의 입장에 놓이게 되었다.

#3

하지만 역설적으로, 바네사의 아버지는 자기 딸이 남자들과 친하게 지내는 것을 용납하지 않았다. "내 딸은 창녀가 아니오."

#4

다른 지역으로 이사를 한 뒤 바네사는 새 학교에 들어갔다. 그녀는 그곳에서 한 학년 낙제를 했다. "열두 살 때 이미 가슴이 컸어요. 누가 봐도 성인 여성의 몸이었죠. 우리 반 아이들은 저를 '바네사 부인'이라고 불렀어요."

#5

청소년기에 바네사는 용돈을 마련하기 위해 아르바이트를 하고 싶어 했다. 그런 그녀에게 아버지는 아주 고상한 부인 집에 메이드 자리를 알선해주었다. 그런데 알고 보니 그 부인은 고급 창녀였다. 바네사는 그 집에서 일하면서 부인이 남자들을 다루는 솜씨를 지켜보았고 그런 와중에 부인에게서 보이는 자유로움을 깊이 동경하게 되었다.

성인이 된 바네사는 부모님의 집을 떠나 작은 아파트를 얻어 살게 되었다. 그녀의 아버지는 오랫동안 그녀를 보지 않았다. "내 딸은 창녀가 되고 말았어."

케이스 스터디case study

Q : 악성 자기애자들은 역설적인 가치를 두고 스스로 괴로워한다. 바네사는 사랑에 있어 어떤 유형의 가치를 두고 고민에 빠졌는가?

4장

도착자, 어른 몸속의 어린아이

"어린아이는 야비하며 참아줄 수 없을 정도로 이기적이다. 그들이 유일하게 중요하다고 여기는 일은 자신의 기쁨과 욕망을 충족시키는 것뿐. 다른 사람들이 그로 인해 괴로워하고 고통 받는 것에는 관심이 없다. (……) 타인의 시선을 자신이 아닌 다른 곳으로 돌리게 하는 대상에 호기심을 보인다. (……) 자신보다 약한 존재에 대해서는 잔인함을 보이고 그것들을 파괴하며 희열을 느낀다. (……) 그들은 자신들이 느끼는 극히 미미한 욕구조차도 당장 채워주기를 맹렬하게 요구하며, 조금이라도 지체되는 것을 참지 못한다."

안나 프로이트(Anna Freud)[1]

도착자들은 완전한 인격을 갖춘 사람들이 아니다. 그들은 아이같이 유치한 내면을 갖고 있다. 최근 필자가 들은 어느 내담자의 이야기를 들려주려 한다. 일상적으로 우리가 어느날 갑자기 눈앞에 나타난 악성 자기애자와 자동적으로 관계를 맺게 된 건 아니라는 것을 보여주는 사례다.

어떤 남자가 있다. 운전석에 앉은 그는 아내에게 옆자리에 타라고 말한다. 그런 다음 후진을 해서 주차해놓은 아내의 차를 박아버린다. 그러자 갑자기 남자는 아내에게 소리를 지른다. "차를 왜 이 따위로 주차해놓은 거야?!"

철없는 아이처럼 행동하는 그는 회사의 대표로 있는 50대 남성이다. 자신의 잘못을 지적당하고 야단맞는 것을 못 견디는 것은 아이들의 특징이다. 아이들은 내면의 갈등을 견디지 못하기 때문이다. 갈등을 맞이하는 순간 타인에게 그 갈등을 투사해낸다.

프로이트는 아이를 '동질다형(同質多形)의 도착자'라고 이름 붙였다. 아이들은 모든 도착적인 특징을 지니고 있다. 단지 성장하면서 시간이 지남에 따라 이를 억압할 뿐이다. 이 장에서는 유년기 정신 세계의 구조화가 어떻게 이루어져야 하는지를 살펴보고자 한다.

---

1 교육자를 위한 정신분석에의 입문(Initiation à la psychanalyse pour éducateur), Privat, 1986

분리불안 _ 죄책감과 유기공포

아이는 자라면서 정신구조를 형성해간다. 처음 맛보는 좌절의 순간부터, 내부의 욕망과 외부와 현실적 조건 사이에서 타협하며 자아의 밑그림을 형성해간다.

초자아는 아이의 성 심리 발달에서 생성되는 마지막 심급이다. 프로이트에 따르면, 초자아는 오이디푸스 콤플렉스의 전유물이다. 무의식의 심급인 초자아는 자신의 고유한 도덕적 가치만을 담고 있을 뿐 아니라 부모와 사회에서 주입받은 가치를 담고 있다. 다시 말하면 외부의 제재를 내면화한 것이라고 할 수 있겠다.

초자아의 가치를 존중하지 않는 것은 죄책감을 낳는다. 마치 부모가 내 마음속에 들어와서 내 내면을 벌주는 것과 같다. 내면의 부모를 존중하지 않으면 불안이 일어난다. 따라서 초자아는 부적절한 욕망을 행동으로 옮기는 것을 막고, 가치관과 맞지 않는 충동을 억압하거나 다른 충동으로 전환시키는 역할을 한다.

자아의 이상은 초자아가 생성되는 시기인 약 6~7세경보다 훨씬 이전에 나타난다. 6~7세는 오이디푸스 콤플렉스를 해소하는 시기이다. 자아의 이상은 처음으로 금지를 당하는 순간 생성된다. 그 이전에 아이는 쾌락의 원칙에 의해서만 움직인다. 원하면 가지고, 원하면 곧바로 행한다. 도덕도 제약도 모른다. 부모가 어떤 것을 금지하면 아이는 자신의 사랑을 잃게 될까 불안해한다. 자아의 이상이란 아이가 사랑받기 위해 '……게 되어야 한다'[2]라고 생각하는 자기상이다.

자아의 이상은 이상적인 '나'와 함께한다. '자아의 이상'이란 사랑받기 위해, 그리고 사랑을 잃지 않기 위해 타인의 요구에 기반을 둔 가치이다. 그에 비해 '이상적인 자아'는 내 자신의 가치관에 기반을 둔 것이고, 그러한 모습이 충분히 실현되기를 바란다. 자아의 이상과 이상적인 자아와의 간극이 너무 클 경우(피에레트의 경우 사랑하는 이에게 충실 혹은 배신) 곧바로 불안을 낳는다. 그리고 상반된 가치들이 공존하는 상황에 당면했을 때 어떻게 대응해야 할지를 모른다.

조지는 자연과 연관되는 일을 하고 싶었다. 그러나 어머니는 조지가 그의 아버지처럼 엔지니어가 되기를 바랐다. 명문대 공대에 입학하여 학위를 받은 조지는 수풀이 우거진 시골 마을의 도로 보수를 담당하는 엔지니어가 되었다. 조지는 자아의 이상과 이상적 자아의 상충을 조화롭게 잘 조정한 경우이다.

앞서 사례에 계속 등장하는 피에레트는 사랑하는 이에게 충실과 부정이라는 가치를 양립시키기 위해 도착적 기제를 사용한다. 그녀는 자크에게 "내 가치관과 안 맞게 너는 부정해. 그렇기 때문에 내가 너를 두고 바람을 피운다 해도 당연한 거야"라고 말한다. 일견 피에레트는 건강한 관계를 맺기 위해서는 사랑하는 이에게 충실해

2 아이에게 "착하게 행동해, ~처럼 착해져야 해"와 같은 말을 해서는 안 된다.

야 한다는 자신의 가치관을 말하는 것처럼 보인다. 그러나 그녀는 어린 시절 어머니가 주기적으로 바람을 피우는 것을 보았다. 그녀 자신이 가지는 이상적인 가치와 부모로부터 보고 배운, 동화된 가치관과는 전혀 다른 것이다.

그렇기에 자아의 이상과 이상적 자아는 그녀의 경우 완전히 상반된다고 볼 수 있다. 남자친구에게 그녀가 가진 상반되는 가치의 일부를 투사하고, 그 짐을 진 그에게 복수하며 자신의 행동을 정당화한다. 그리고는 자신의 행동을 '정당방위'라고 주장한다. 피에레트는 분열과 투사동일화와 같은 특수한 기제들을 이용해, 다시 말해 타인에게 자신의 가치나 욕망의 일부를 주입하며 자신이 겪는 혼란을 일시적으로나마 해소하려 하는 것이다.

자기애성 인격장애자는 자기상이 건강하지 못하다. 그들은 자신과 타인이 다르다는 것을 받아들이지 못하고 상대와 나를 헷갈려한다. 자신의 나쁜 성향을 타인에게 넘긴 후 자신은 좋은 역할만을 맡는다. 타인을 조종하며 자신의 힘을 확인하고, 타인을 자신의 소유물 혹은 자신의 연장선상으로 만들어 타인과 자신을 일체화하고자 한다. 만일 상대가 사라지면 자기애성 인격장애자들은 극심한 고통과 불안을 겪게 된다. 마치 타인이 자신의 일부를 갖고 떠나버린 것 같은 엄청난 상실감에 빠진다.

초자아가 오이디푸스 콤플렉스의 유산이라면, 자아의 이상은 나르시시즘의 유산이다. 초자아는 정신적 가치에 호소하는 반면, 자아의 이상은 상(이미지)에 의존한다. 초자아를 무시하면 죄책감이

들지만, 자아의 이상을 무시하는 것은 그보다 훨씬 강렬한 공포인 유기불안을 낳는다.

자기애성 인격장애자의 경우 욕망을 행동으로 옮기지 못하도록 저지할 만큼 자아의 이상은 (초자아 정도로) 충분히 강하지 못하다. 그렇다고 충동에 맞설 만큼 자아가 발달하지도 못했다. 어린 아이들은 부모가 있을 때에는 욕망을 억압한다. 그리고 부모가 없을 때에는 욕망을 행동으로 옮기려한다. 놀라운 것은 "내가 그러려는 것이 아니고……" 혹은 "다른 사람이 잘못해서……" 이런 식으로 부정이나 투사를 시도한다는 점이다. 아이는 도발하려는 목적으로 부모 앞에서 일부러 자신의 욕망을 행동으로 옮기며 자기애와 자신의 힘을 확인하려 한다.

'쾌락의 원칙, 다시 말해 즉각적으로 분출하려는 욕구는, 분석하고 반응을 미루며 내리는 정확한 판단과 양립할 수 없다. 반응을 미룸으로써 아껴놓은 시간과 에너지는 판단의 결과에 따라 사용된다. 애초부터 취약한 자아는 욕망을 참고 미룰 줄을 모른다.'[3]

도착의 근원에 대해 다루고 있는 이 책의 9장에 소개되어 있지만, 악성 자기애자는 오이디푸스 콤플렉스를 잘 극복하지 못한 사람들이다. 그들은 어른 몸을 한 아이처럼 살아간다. 초자아가 발달하지 못해 자아의 이상을 바탕으로 성장했다. 그들에겐 행동의 한계라는 것이 존재하지 않기에 쉽게 충동에 굴복 당한다. 그들은 끊임없이

3 Fenichel O., 신경증자에 대한 정신분석이론(La théorie psychanalytique des névroses), PUF, 1987

자신의 힘을 확인하려 들며, 버림받을지도 모른다는 분리불안을 늘 가지고 산다.

불안전한 자아로 살아가기 때문에 '인공 남근(판타지적인 권력)'을 끊임없이 찾아 헤매는 특징도 갖고 있다. 인공 남근이란 다시 말해 어떠한 사물이나 사건 앞에 맞닥뜨렸을 때 자신의 권력에 대한 환상을 뒷받침할 수 있는 대상을 말한다.

권력 욕구의 근원

어머니의 자궁 안에 있을 때 아기는 자신을 둘러싸고 있는 환경에 대해 알지 못한다. 나 홀로 나머지 세상과 존재할 뿐이다. 이는 그릇과 그 안에 담겨 있는 내용물과도 같다. 태어났을 때부터 이러한 느낌은 계속된다. 내가 세상이고, 세상이 나 자신이다.

처음 좌절을 겪으면서 자아에 대한 밑그림이 그려진다. 아기는 어머니의 젖가슴을 원하지만 젖가슴은 아기에게로 오지 않는다. '그에게 어머니의 젖가슴이란 자신의 일부일 뿐이다. (······) 아기는 젖가슴에 사랑을 느끼고 젖가슴을 갈구한다. (······) 만일 그의 욕망이 채워지지 않으면 어떻게 될까? (······) 아기는 어머니에게 의존하는 자신의 모습을 발견하게 된다.'[4]

4 Klein M., Riviere J., 사랑과 증오: 회복의 욕구(L'amour et la haine: le besoin de réparation)

도착자, 어른 몸속의 어린아이

아기는 자라면서 자아를 발달시킴과 동시에 타인에 대한 존재를 서서히 자각하게 된다. 어머니와 자신은 더 이상 하나가 아니라 둘이다. 그러나 '내가 그녀처럼 한다면 우리는 하나의 존재가 될 수 있어'라는 환상을 품으며 동일시를 통해 다시금 어머니와 일체가 되기를 갈망한다.

생후 약 18개월이 되면 자크 라캉이 명명한 '거울단계(Stage of mirror)'에 들어가게 된다. 과거에 아이는 거울 속에 비친 자신의 모습을 인식하지 못했다. 그러나 거울 단계에 이르면 아이는 자기상에 대한 나르시시즘을 갖게 된다. 자신의 이름을 배우고 긍정과 부정을 배운다. 같은 방식으로, 만일 어머니가 충분히 아기를 잘 보살핀다면 아이는 자신의 욕구를 모두 충족시켜주는 자상한 어머니의 관심 속에서 자신에 대한 가치를 확인한다. 그러나 어머니가 아기를 방에 홀로 두고서 다른 이와 어울리려 나가버린다면 자신은 어머니를 붙잡을 수 있는 능력이 안 되는 존재라고 아이는 생각하게 된다.

누군가가 자기 엄마와 함께 있는 모습을 보게 된다면 자기가 갖지 못한 무언가를 갖고 있음을 느낄 것이다. 자기는 그것을 못 갖고 있거나, 혹은 갖고 있더라도 그것이 어머니를 붙잡을 만큼 충분히 강하지는 못하다고 생각할 것이다. 어머니를 붙잡을 수 있는 능력이 있는 대상, 바로 그 물건을 정신분석학에서는 남근이라고 부른다. 남근은 환상 속의 대상으로서 타인의 관심을 사로잡을 수 있는 능력을 갖고 있는 대상이다. 멋진 차, 만족감을 주는 직업, 잘생

긴 배우자, 예쁜 자녀 등 능력을 가진 모든 것이 이에 해당된다.

어머니가 만나는 대상에 대해 아이는 존경과 증오를 동시에 느낀다. 아이의 욕망이 어머니의 상대에 대해 부러움과 증오, 복수를 해야겠다는 생각을 불러일으키고, 이 욕망이 노출되면 아버지로부터 거세를 당하게 될지도 모른다는 엄청난 불안, 정신분석학에서 말하는 '거세공포(castration fear)'를 느끼게 된다. 아버지가 충분히 아이에게 친절하고 좋은 사람이라면 법과 규율이 가해지거나, 어머니가 자신과 분리되어도 아이는 내적갈등을 푸는 방향으로 갈 것이다. 이는 아버지에 대한 자신의 욕망과 증오를 포기하도록 만들며, 그리하여 오이디푸스적 갈등을 풀고 인격을 형성해나가도록 한다.

그러나 만일 아버지가 너무나 강압적이고 냉담하거나 혹은 반대로 무기력한 존재거나, 어머니가 아버지를 끊임없이 소유하려 든다면 아이는 이전의 상태로 돌아갈 위험이 있다. 어머니에게 천착하며 오이디푸스 콤플렉스를 극복하지 못하게 되는 것이다.

가브리엘은 말한다. "바네사는 화가 나면 '너희 남자라는 인간들은 구실도 제대로 못하는 것들이야!'라고 말하곤 했어요."

악성 자기애자들은 아버지의 이미지나 사회적으로 그에 상응하는 것들에 흠집을 내고 자신이 그 권력을 잡으려한다. '……오이디푸스의 이상을 담고 있는 것은 아버지이다. 자기애성 인격장애자는 나르시시즘적인 전능함'[5]에 의해 모든 것이 이루어지던 전성기기

5   Ksensé A., 히스테리와 도착(Hystérie et Perversion), in 〈La perversion narcissique〉, Revue française de psychanalyse, PUF, 2003

(前性器期, regenital, 프로이트의 정신분석학 용어로서, 성기가 아직 중심적 역할을 하지 못하고, 입술·항문 따위가 본능적 욕구 만족의 중심이 되는 젖먹이의 시기를 말함_역자 주)적인 자아의 이상을 위해 오이디푸스적인 자아의 이상을 무효화하려 한다.

역설적으로 바네사는 자신에게 경멸의 대상인 남성의 성기에 오히려 큰 가치를 부여하는 것으로 보인다. 이는 사랑과 존경과 증오가 공존했던 아버지와의 관계에서 그 근원을 찾을 수 있다.

베르나르, 어머니의 남근

베르나르의 어머니는 아들을 몹시도 자랑스러워했다. 어머니의 지인들이 집에 오면 어머니는 베르나르에게 항상 이렇게 말했다.

"이리오렴 아가. 모든 사람들이 널 기다리고 있잖니. 내 아들이 이렇게 잘 생겼다우!"

그러나 베르나르가 입을 열기만 하면 엄마는 호통부터 쳤다.

"입 다물어! 어른들 앞에서는 얘기하는 것 아니야!"

베르나르의 자기상은 어머니의 말에 의해 정해졌다. 그는 자신의 감정을 표현할 수가 없었고 그저 엄마의 말 속에서만 존재하는 사람이었다. 게다가 베르나르의 아버지는 어머니와 아들의 관계를 질투한 나머지 베르나르에게 심한 매질을 하곤 했다.

아버지의 화를 사지 않기 위해, 또한 어머니의 사랑을 잃지 않기 위해 베르나르는 어머니의 이미지 속에서처럼 착하게 행동해야만 했다. 어른 앞에서 말하지 말라는 가르침에 몇 시간 동안이고 아무 말도 하지 않고 앉아 있었다. 그가 다섯 살이 되었을 때 어느 날 여자친구에게 그의 페니스를 보여주었다는 사실을 알고서 어머니는 "다시는 그러지 마라!"고 호통을 쳤다.

베르나르가 사춘기가 되었을 때 어머니는 자기 아들이 여자와 관계를 한 것을 알게 되었다. 어머니는 "그 더러운 짓을 설마 사람들 앞에서 한 건 아니겠지?"라고 소리를 질렀다.

지금 서른 살이 된 베르나르는 무기력증에 빠져 있다. 아직도 어머니와 함께 살고 있는 그는 자기애와 연관된 병리적 증상의 대부분을 나타내고 있다. 그러나 도착적인 행동으로 실행할 수는 없었으므로 결국 그에게는 경계선 인격장애라는 병명이 붙고 말았다. 지금도 그는 정신분열적 대상부전(프로이트는 이를 '자기애적 신경증'이라 불렀다)을 앓고 있다.

베르나르는 내게 이런 말을 한 적이 있다. "저는 마치 기름을 넣지 않은 페라리 같아요." 베르나르는 자기상이 매우 높은 사람이다. 하지만 그와 동시에 무기력하다. 마치 엄마의 관심 속에서만 살 수 있는 18개월 난 아기와 같다. 그는 자신의 내면이나 자신의 존재를 포기한 채 어머니의 남근으로밖에 살 수 없는 처지가 되었다.

정신분석학에서 남근은 권력의 상징, 자부심을 느끼는 대상이다. 그렇다면 자신의 아이를 사랑하는 것이나 자랑스러워하는 것도 남근으로 생각할 수 있을까?

물론 자녀를 사랑하고 자랑스러워하는 것은 좋은 일이다. 자녀에 대한 사랑은 마르지 않는 우물과 같다. 그러나 어떤 이들은 잘못된 방식으로 아이를 사랑한다. 하교하는 아이를 마중 나온 엄마들끼리 하는 말을 들어보자. "우리 애는 두 살 때 이미 대소변을 가렸어요." "우리 애는 20개월 때 이미 말을 시작한 걸요."

그러나 아이들 스스로가 자신의 내면으로 향할 수 있게 도와주는 것이 더 이롭다. "나는 너를 믿어" "나는 네가 능력이 있다는 걸 알아" 이렇게 말이다. 베르나르의 사례를 늘 많은 사람들이 기억해주길 바란다.

5장

죽음을 받아들일 수 없는 사람들

정신분석학에서 애도란 애착하는 대상을 잃게 된 이후 평정심을 회복하기까지의 과정을 말한다. 악성 자기애를 다루는 책에서 왜 애도 과정에 대해 말하느냐고 의문을 가질 수도 있겠다.

오이디푸스 콤플렉스를 극복하기 위해서 아이는 우선 자신의 욕망을 포기해야 하고, 부모에 대한 이상화를 멈추고 그들도 나와 동일한 보통의 인간이라는 사실을 인지해야 한다. 프로이트는 '아버지를 죽여야 한다'라고까지 말했다. 아이가 주체로 거듭나고, 현실세계에 통합되며, 아이였던 자신의 위치에서 벗어나 사회에서 자신의 자리를 찾기 위해서는 타자의 죽음 이후 겪는 일종의 올바른 애도과정을 거쳐야 한다.

우리들 대부분은 사랑하는 대상의 상실과 (변화의) 수용에 이르기까지 걸리는 시간들을 받아들이기 힘들어 한다. 이러한 힘든 과정은 인생을 살아가다가 누구나 겪었던 것으로, 유아기 때에 겪었던 분리의 기억과 연관이 있다. 일생 내내 반복되는 이 상실과 수용의 과정들은 개인의 인생에서 중요한 변화의 계기가 되기도 한다.

그러나 악성 자기애자들은 내적 대상의 상실로 인해 발생하는 내적 갈등에 맞설 능력이 없다. 내적 대상이란 외부에서 주입된 대상의 이상화된 이미지이다. 예를 들면 아이는 엄마가 아이의 방을 나서는 순간 울음을 터뜨린다. 아이는 자신의 울음이 엄마에게 어떤 의미로 다가가는지 잘 안다. 엄마가 더 이상 보이지 않으면 아무 곳에서도 엄마의 존재를 느끼지 못한다. 아이는 엄마의 부재를 견딜 수 없기에 엄마의 이미지를 자신의 마음속에 투입하며 엄마를 기억한다. 그렇게 해서 어머니가 부재할 때조차 아이는 어머니의 존재를 자신의 내부에서 확인할 수 있다.

우리는 나중에 다룰 '도착증 부모'에 대한 내용에서, 도착증 부모들이 아이가 자신에게서 분리되지 못하게 하는 것을 목격하게 된다.

상실에 대한 불안

사랑하는 이와 사별할 때의 감정은 연인과 이별할 때의 감정과 닮아 있다. 애착하는 상대가 자신을 떠날 때 느끼는 분리불안을 느끼지 않으려면 도착자들은 희생양에게 오랜 사랑을 주지 말아야 한다. 그렇기에 도착자에게 희생양은 주체가 아닌 대상이어야만 한다. 도착자는 좋은 사람으로 인정받기를 원하고 높게 평가 받기를 원한다. 그러나 분명 사랑하고 인정해주는 사람일지라도 때로는 상대를 나무랄 수도 있다. 이는 보통 어린 시절에 알게 되는 사실이다.

그러나 도착자는 자기상이 너무나 낮기 때문에 자신에 대한 비난을 못 견뎌하며, 상대가 자신을 언제라도 떠날 수 있다고 생각한다. 그럴 때 그 상대를 폄하하면 상대방이 가하는 위험에 대항할 수 있을 거라 여긴다. 만일 상대방이 좋은 대상이라면 그를 잃는 것은 너무나 끔찍한 일이 될 것이고, 귀책이 도착자 자신에게 돌아올 것이라 생각한다. 만일 상대방이 나쁜 사람이라면 그가 떠나게 되더라도 안심할 수 있다. 또한 그 귀책을 나쁜 대상에게 돌릴 수 있을 것이다.

유명한 프랑스 속담이 있다. "그의 개를 죽이기 위해서는 그 개가 광견병에 걸렸다고 말하라." 피할 수 없는 두려움의 대상인 개를 죽이면 앞으로 그 개로 인해 피해를 입을지도 모른다는 두려움도 피할 수 있고, 또한 자신의 전능함도 확인할 수 있다. 그러나 반대로 광견병이 그리 유해하지 않은 병이라면 원할 때 언제든 죽일 수 있도록 계속 개를 키우는 것이 합당하다. 그러면 적어도 대상을 상실하게 되는 공포와 마주할 필요는 없을 테니까.

게다가 악성 자기애자는 투사 기제를 다분히 사용한다. 다른 사람을 만나지는 않으면서 자신의 내부 대상이나 자신의 결점을 상대방에게 투사하는 것이다.

피해자들의 경우에는 자신을 괴롭혔던 악성 자기애자의 영향력에서 놓여나기 위해 애도 과정에 상응하는 과정을 거쳐야 할 것이다. 부정하지 않기, 먼저 자신을 추스르기, 내면의 분노와 슬픔을 수용하고 난 후 다시 자신의 삶을 복구하기…… 이 과정이 도착자의 마수에서 벗어나기 위한 첫 단계이다.

애도의 단계

애도에서 행해지는 과정은 여러 단계로 나눠진다.

❶ 부정

가까운 이의 부음을 들었을 때 그 사실을 받아들이기가 너무나 힘든 경우 아예 그 사실을 믿으려하지 않는다. 정신세계에서 그 정보의 입력 자체를 거부하는 것이다. 마치 존재하지 않는 사실처럼 말이다. 또한 우리의 정신세계는 너무도 잔인한 정보가 들어올 경우 자신을 보호하기 위해 보호막을 친다. "이건 사실이 아니에요! 당신이 착각한 거에요. 저는 믿을 수가 없어요……."

❷ 분노

부정 다음의 단계는 분노다. 분노는 부음에 관련해 발생하는 감정을 밀어내려는 시도다. 받아들일 수 없는 감정을 외부로 쏟아낸다. "이건 의사의 잘못이야" 혹은 "상대편에서 너무 과속했어"라고 말하며 주로 제3자의 탓으로 돌린다.

❸ 우울

애착하는 대상이 이제 이 세상에 존재하지 않는다는 사실을 받아들이면 분노는 사그라든다. 그 이후 압도적인 슬픔이 몰려온다. 일반적으로 자책과 회한, 우울감, 심한 경우는 중증의 우울증을 동반한다. 어떤 경우에는 자신도 모르게 이 단계가 꽤 오랫동안 지속될 수 있다. 충분한 애도 기간을 거치지 못할 경우 죄책감을 갖게 되는데, 그 이유는 고통을 느끼는 것은 고인과 나의 관계를 이어주는 마지막 끈이라 여기기 때문이다.

❹ 수용

끝내는 포기하게 된다. 사랑하는 이의 죽음을 사실로 받아들이고, 대상을 상실한 이후의 자신의 삶에 적응한다. 슬픔을 승화하고 충격에 견디는 마음의 근육을 갖게 되기도 한다(승화와 복원력의 메커니즘에 대해서는 8장에서 좀 더 자세히 다뤄보도록 하겠다).

애도의 병리적 증상

애도와 관련된 병리적 증상의 첫 단계는 '받아들이지 못하는 것'이다. 만일 주체가 부정에서 벗어나지 못한다면 병리적인 것으로 볼 수 있다. 프랑수와 오종 감독의 〈테이블 아래에서(Sous le table)〉라는 영화가 있다. 이 영화에는 해수욕을 하던 중 남편을 잃은 샤를로트 램플링이 여주인공으로 등장한다. 그녀는 남편이 죽었다는 사실을 받아들이지 못한다. 후에 남편의 시신을 찾게 되었을 때 그녀는 신원확인을 거부한다. 몇 개월 동안 그녀는 계속해서 죽은 남편과 대화를 하고 조금씩 세상과 단절하게 된다.

우울은 정상적인 애도를 못하기에 발생하는 것이다. 우울증에 걸리면 자신이 무가치하게 느껴지고 죄책감에 젖어들며 강렬한 정신적 고통이 밀려든다. 애도 과정에서 우울증에 걸린 이들은 현실에서는 한 번도 누군가의 죽음을 접한 적이 없다. 그러나 평소에도 늘 내적 대상을 잃을지도 모른다는 사실에 불안해하며 유아기 때의 자기상을 버리지 못하는 사람이다.

악성 자기애자의 심리는 부정과 분노 사이 그 어디쯤에 존재한다고 보면 된다. 부정은 희생양을 폄하하는 것과 연관된 감정으로, 즉 상대방의 중요성을 부정하는 것이다. 그렇게 해서 언젠가는 닥칠지 모를 상실의 충격을 최소화한다. 분노의 단계는 자신의 감정을 분출하고 타인에게 죄책감을 주는 매우 공격적인 시기에 해당한다.

모리스는 불의의 사고를 당하게 되었다. 병원에 실려 온 모리스는 결국 다리를 절단해야 한다는 의사의 진단을 받았다. 그로부터 10년 후, 모리스는 그의 말을 들어주는 사람에게마다 늘 이렇게 분노하였다. "이 모든 게 다 실력 없는 의사들 잘못이야! 의사 때문에 내가 이렇게 되었어!"

그는 10년째 분노에서 벗어나지 못하고 있다. 그에게 무언가 집중할 수 있는 기회도 오지 않았고, 그의 마음의 근육도 단단해지지 못하였다.

악성 자기애자는 끊임없이 상대를 비난하지만 그를 놓아주지도 않는다. 자신의 '대상'을 잃는 것은 폴-클로드 라카미에가 명명하는 '자살'의 상태에 빠지게 만들기 때문이다. 이는 우울증 환자가 정상적인 애도를 하지 못하는 것과 유사한 메커니즘이다. 폴-클로드 라카미에는 악성 자기애자가 애정을 쏟던 대상을 상실할 경우에 그 광기가 자신에게로 돌아와 결국 자살에 이를 수도 있다고 경고하였다.

애도기간을 좀 더 수월하게 보내는 법

애도를 좀 더 쉽게 하도록 도와주는 방법에는 여러 가지가 있는데, 그 중 대표적인 것은 의식을 치루거나 일정 시간의 애도기간을 마련하는 것이다. 모든 문화권에서 이는 존재해 왔는데 최근 들어 사라지고 있는 추세이다. 이러한 관습을 지역이나 문화를 떠나 보편적

죽음을 받아들일 수 없는 사람들

의식으로 다시 부활시키는 것은 어쩌면 우리 몫일지도 모르겠다.

우리는 흔히 애도에 대해 이야기하더라도 가끔은 이 용어의 의미를 정확히 쓰지 못하는 것 같다. 누군가가 죽었을 때 '애도'한다고 하는데 그렇게만 쓰는 것은 어폐가 있다. 꼭 죽음이 아니더라도 내적 대상의 상실이나 애도과정에 대한 공포와 불안(이것이 정상적인 애도를 불가능하게 하는 것을 앞서 보았다)도 결국 죽음으로 인한 애도와 동일한 과정을 거치게 된다.

오랜 상담을 받은 한 환자는 알코올중독에 근친상간을 하던 아버지와의 관계를 완전히 정리하고 싶어 했다. 그러기 위해 부친에게 와인 한 병과 소시지, 그리고 긴 편지를 써서 우편으로 보냈다. 다른 환자 한 명은 자신을 지독히 괴롭혔던 악성 자기애자 애인과의 관계를 어렵게 청산한 후 그에게 긴 편지를 쓰고 마침내 그 편지를 태워버렸다. 그리고는 타버리고 남은 재를 한때 서로 손을 잡고 산책하던 강변에 고이 뿌렸다.

의식을 치루는 것은 사실과 결정에 특징성을 부과하고 구체화한다. 그리고 부정(deny)에서 벗어나게 한다. 큰 목소리로 고인의 비석 앞에서 말을 하거나 제사를 지내는 것, 그 어떤 것이든 좋다. 또한 필요시에는 애도의 기간을 충분히 갖는 것이 좋다. 고통스럽겠지만 그렇게 하고 나면 다시 예전 자신의 삶으로 돌아갈 수 있게 된다. 무엇보다 대부분의 경우 고통을 겪은 만큼 성장해 있는 자신을 발견하게 된다.

6장

도착자들의 전략

그들의 의도를 포착하라

인간은 여러 번 태어난다. 물리적인 탄생 이후에라도 말이다. 타인과 이미지, 사회, 제3자, 법이라는 프레임 안에서 또다시 탄생하게 된다. 또한 대상화 단계(타인과의 분리, 존재로서의 타인의 발견) 이후 자기애의 단계(자기상과의 조우)와 오이디푸스 콤플렉스의 단계로 이어진다.

자라면서 아이는 우선 타인의 존재에 대해 인지하게 된다. 세상에는 내가 아닌 다른 대상이 존재한다는 사실이다. 자신은 세상의 전부가 아니고, 세상은 자신이 아니다. 이 단계를 완전히 수용하지 못하면 신경증이 유발된다. 다시 말해 자신과 나머지 세상을 구분하지 못하며, 어떤 존재가 자아의 한 부분을 소유하고 있다는 생각과 느낌에서 비롯된 분리와 분열에의 공포를 갖게 된다. 이 단계를 극복하고 나면 자기상에 눈을 뜰 것이다. 자기상이란 자신에 대해 품고 있는 생각을 말하며, 어떻게 자신을 인식하고 있는지, 어떻게 자기애적 이상을 인식하고 있는가를 의미한다. 다르게 표현하자면 자기 자신과 혹은 타인과 조화하기 위해 자신이 어디를 향해 있어야 하는가에 대한 것이다.

이 단계를 극복하지 못한 상태에서 어떤 경우를 만나면 분리불안을 동반한 자기애적 인격구조를 형성하게 된다.[1] 어떤 경우에 그럴까? 사람들이 그에게 바라는 모습과 자신의 자기상이 맞지 않을 경우, 그리고 진정 타인을 만나는 것과 같이 스스로를 만날 수 없는 경우가 그러하다. 충분히 좋은 자기상을 갖고 있는 경우라면 주체가 제3자나 법의 존재를 알게 되었을 때 그것을 인정하는 방향으로 가려 할 것이다. 그는 사회의 규칙을 수용하며 사회 속에서 자리를 잡고 발전을 거듭할 것이다.

한편 오이디푸스적 환상을 포기할 수 없을 때는 신경증과 죄책감, 거세불안이 유발된다. 악성 자기애자는 우리가 앞으로 살펴볼 여러 이유들로 인해 자기상에 눈을 뜰 수가 없다. 대상화 단계와 자기애적 단계 사이에 끼여 있기 때문이다. 그들은 상대를 마치 거울

1 자기애성 도착증이 자기애성 인격의 유일한 특징이라고는 말할 수 없다. 이 책의 부록에 경계선 인격장애의 특징에 대해서도 소개하고 있다.

처럼 이용하여 타인의 좋은 모습을 내 것으로 취하고 상대에게는 자신의 나쁜 모습을 투사한다. 그럼으로써 자기 내면의 공허함을 채울 뿐 아니라 그를 호시탐탐 노리는 신경증까지 피할 수 있기를 바란다.

도착자는 환자인가?

병리적 상태가 무엇인지 일단 정의할 필요가 있겠다. 정신질환에 대해 다룰 때 흔히 정상과 병리적 상태를 구분하는 데 많은 시간을 들인다. 독자 여러분들도 이를 어떻게 구별할 것인지에 대해 숙고해보기 바란다.

어떤 이들은 병리적 상태의 정의를 '우리를 고통으로 몰고 가는 것'으로 제안한다. 그러나 고통은 우리를 더욱 강인하게 만들어주는 단련의 과정이기도 하다. 애도 과정에서의 고통처럼 말이다. 때로 우리는 증상과 병을 헷갈려한다. 예를 들면, 만일 우리가 독을 마셨으면 우리 신체는 그 독을 토하도록 만들어져 있다. 그런데 만일 구토 자체를 병으로 인식한다면 우리는 구토를 멈추게 하는 약인 제토제를 먹을 것이다. 만일 독을 병의 근원으로 생각한다면 반대로 구토를 유발하도록 하는 약, 즉 구토제를 먹어야 한다.

병리적 상태란 연결고리의 절단 상태다. 만일 우리의 신체가 독을 독으로 인식하지 못한다면 구토를 하지도 않은 채 아프게 될 것이다. 조현병(정신분열증) 환자들은 극심한 혼란 상태를 느껴 자신의 내면, 그리고 외부세상과 절연한다. 그들의 망상과 환각은 충동이 끓어오를 때 전과 같은 긴장이 없는 상태로 되돌아가기 위한 자기 내면의 투사라고 말할 수 있다.

악성 자기애자의 주제로 다시 돌아오자면, 그들은 마치 토하는 사람과 같다. 자신의 극심한 혼란을 외부로 쏟아내고 주위 사람들을 병들게 한다. 우리도 아마 이런 경험이 있을 것이다. 직장에서나 외부의 제3자로부터 어떤 스트레스를 받게 되었는데 저녁 때 집에 돌아와 식구들 앞에서 엄중한 목소리로 말하곤 한다. "조심해, 나 오늘 기분이 좋지 않아!" 분명 혼란을 외부로 쏟아낼 준비가 되어 있다는 경고다. 본인이 다툼과 갈등의 근원이 될지라도 그렇다. 이렇게 실컷 다투고 나면 당사자는 기분이 풀릴지 모르겠지만 정작 주변 사람들은 상처받거나 기분이 나빠지는 경험을 한 적이 있을 것이다. 그 일로 상황이 과열되면 "우리, 진정 좀 하자고" 이렇게 말하며 돌연 자신이 중재자의 역할을 맡는다. 바로 이것이 악성 자기애자의 행동법이다.

우리는 도착자가 아니다. 그러나 도착자들의 존재를 간파해내고 그들의 마수에 걸려들거나 그런 일이 반복되지 않도록 미리 그들에 대해 알아두는 것이 좋다.

완전한 악성 자기애자는 인격 구조가 완전히 그렇게 고착된 사람들을 말한다. 그들은 고통도 반성도 모르며, 주위 사람들만 멍들게 할 뿐이다. 마음이라는 게 존재하지 않는다고 보면 된다. 어느 날 저녁 그는 기분이 좋지 않은 채로 귀가해 가족들을 불편하게 만들었다. 다음날 잠에서 깨어나면 보통은 자신이 한 행동에 대해 기분이 좋지 않고 부끄러움을 느낄 것이다. 그 일에 대해 미안한 마음이 들고 죄책감에 고통을 느끼며 그 고통에서 벗어나기 위해 가족에게 사과를 할 것이다. 이런 경우의 행동은 도착적이라기보다는 신경증에 가깝다.

반면에 악성 자기애자는 고통 받지 않는다. 대신에 그들 주위 사람이 고통을 받는다. 그들의 내면은 사실 매우 허약하다. 자신의 행동에 대해 고통 받아야 마땅함에도 "너 때문에……"와 같은 투사, 특히 투사동일시 기제를 통해 자신은 면죄부를 받는다. 실수를 일으킨 원인은 자기에게 있지만 다른 이에게 그 과오를 모조리 떠넘기곤 한다.

그가 원하는 것은 반문의 여지없이 명확하다. 자신의 고통과 광기를 피하는 것이다. 힘들 때마다 그러한 기제를 자주 쓰는 사람들이 존재하는데, 그들은 정상적인 상태로 돌아왔을 때 자기 과오를 부정하는 것으로 감당하려 하다가 그마저도 실패하면 죄책감이라는 후유증을 맞이해야 한다. 그가 한 행동으로 인해 사랑하는 이로부터 버림받지 않을까 하는 분리불안을 느끼고, 앞으로 치러야 할 대가에 대해 걱정할 수도 있다. 그러다가도 다시 퇴행하여 동일한 도착적 기제를 또 반복할 가능성도 있다.

이들은 실은 큰 고통 속에 사는 사람들이다. 개인적으로 심리치료를 받고 벗어날 수도 있을 것이다. 치료의 과정은 길겠지만 완치가 불가능한 것은 아니다. 폴-클로드 라카미에는 "내 자신이 오롯이 충분하지 않다고 느낄 때 악성 자기애자가 접근한다"고 말했다.

한편 상담치료사들은 악성 자기애 환자를 치료할 때 환자가 도착 증상에 빠지지 않도록 주의를 기울여야 한다. 왜냐하면 악성 자기애 환자가 이러한 투사의 기제를 써서 본인이 피해자인 것처럼 말하면 치료사들은 그들의 정체를 쉽게 식별해내기 어려울 것이기 때문이다. 그들을 치료할 때는 그들에게 잘못이 없다고 말해주기보다는, 반대로 환자 자신의 가치관과 내면에 대해 스스로 숙고할 수 있도록 인도하는 것이 필요하다.

자신의 결점을 타인에게 떠넘기기

악성 자기애자들이 주로 사용하는 기제는 분열, 부정, 투사동일시이다. 이는 편집증 환자들이 사용하는 기제와 동일하다. 인종적, 사회적, 성적 차별을 말하는 차별주의는 대상의 분열을 사용하는 도착적 기제의 한 유형이다. 앞서 살펴보았지만, 분열이란 나쁘다고 규정지어진 대상의 일부에 자신의 싫은 모습 일부를 투사함으로써 자아가 분열될지도 모른다는 불안에서 벗어나는 것이다.

예를 들면 Ku Klux Klan(일명 KKK단을 가리킴. 백인 지배원리를 내세우면서 인종적·종교적·민족적 소수집단 모두를 적대하는 활동을 하고, 오늘날까지 백인의 인종적 지배를 목표로 활동하는 비밀 결사조직이다_ 역자 주)

의 신봉자들은 사회의 구성원을 착한 백인과 나쁜 흑인, 이렇게 둘로 나눈다. 그들은 밤이 되면 복면 뒤에 얼굴을 감추고 소위 '더러운 피'들을 사냥하러 나선다. 놀랍게도 이들은 낮에는 좋은 가장이자 건실한 시민의 모습으로 살아가면서 자신의 좋은 부분을 투사한다. 하지만 밤이 되면 자기들의 나쁜 부분을 투사하기 시작한다.

정치적, 인종적, 종교적, 성적 이데올로기는 그러므로 '인공 남근'이 된다. 그 덕분에 모든 것이 정당해지는 것이다.

분열의 근원

프로이트는 영아들의 경우 처음에 충동의 대부분을 젖꼭지를 통해 발산한다고 말한다. 결핍이 발생할 시(1차적으로 배고픔이나 목마름) 아기들은 참지 못한다(결핍을 빨리 충족시켜주지 않으면 아기는 죽는다).

앞서 보았듯 멜라니 클레인(Melanie Klein)은 영아들의 화를 '증오'라고 이름 붙였다. 증오는 파괴 욕구를 수반한다. 생후 3개월쯤 되었을 때 아기는 어머니의 일부와만 관계를 맺는다. 멜라니 클레인은 이 일부 대상[2]을 어머니의 젖가슴이라 칭한다. 아이는 자신의 사랑과 분노의 충동을 대상인 어머니의 젖가슴에 투사한다. 아기에게 젖가슴은 완전히 좋은 것과 완전히 나쁜 것으로 인지된다. 좋은 젖

2 대상이라는 용어는 앞서 충동의 형성(근원, 목적, 대상)에서 말한 의미로 사용되었다.

가슴은 자신을 안심시켜 주고, 나쁜 젖가슴은 결핍을 충족시켜 주지 못한 채 자신의 마음속에 불안을 심어준다. 게다가 그 불안을 증폭시키기도 하며 때로는 자신을 박해하는 존재가 된다.

자신을 보호하고 분노를 표출하기 위해서 영아들은 두 개의 대상이 존재한다는 환각을 느낀다. 자신을 안심시켜 주는 좋은 젖가슴, 자신을 박해하는 나쁜 젖가슴. 그렇게 두 가지를 분리시켜야만 아기는 좋은 존재가 파괴될지도 모른다는 위험으로부터 안도할 수 있다. 좋은 젖가슴에게는 사랑을, 나쁜 젖가슴에게는 증오를 마음껏 쏟아낼 수 있다는 얘기다.

멜라니 클레인은 이러한 단계를 분열 단계라고 말한다. 대상을 분리해야 자아의 분열(분리불안을 수반함)을 막고 자신을 보호할 수 있다. 다시 말하면 대상에게 자신의 불안을 투사하게 되면 주체가 둘로 나눠져 인격이 분리되는 것(좋은 주체, 나쁜 주체)을 피할 수 있다는 얘기다.

아동 발달의 분열기에 이르면 대상의 분열과 투사와 같은 방어기제가 생겨난다. 자아의 분열로부터 발생하는 분리불안으로부터 자신을 온전하게 지키기 위해 도착자는 대상을 분열시킨다. 인종차별주의도 마찬가지다. 대상 중의 일부를 지정하여 그것에 자신의 증오를 투사하고, 다른 일부에는(같은 성, 같은 피부색, 같은 사회적 조건을 가진 자신과 유사한 사람 등) 사랑을 투사하는 식이다.

우울기

아동들은 발달과정을 거치면서 이타성을 발현한다. 자신에게서 분리된 다른 존재가 있음을 이해하고, 그 존재가 늘 자신의 욕구에 대응해줄 수는 없다는 것도 이해한다. 대상이라고도 말할 수 있는 다른 존재는 점차 하나의 주체가 된다. 그리고 난 후 아기에게는 자신이 곧 주체라는 인식이 생기게 된다. 하지만 그러기 전에 두 대상이 존재한다는 그의 환상에서 벗어나기 위해 양가감정(ambivalence)을 통합해야 하는 과정을 거쳐야 한다.

편집형 정신분열증의 시기가 지난 후에는 소위 말하는 우울기가 찾아온다. 생후 약 4개월이 지나면 영아는 두 개의 대상이 아닌 하나의 대상이 존재한다는 것을 이해한다. 아이는 생후 몇 달 동안 지속되었던 환각기를 지나게 되는 것이다. 어머니는 비로소 두 개의 존재가 아닌 하나의 완전한 존재로 인식된다. 그러나 아기에게 어머니는 여전히 사랑하면서도 증오하는 존재다. 어머니를 파괴하거나 잃어버리지 않기 위해 아기는 어머니를 향한 공격의 욕동(欲動)을 계속 지니고 있다. 그렇게 함으로써 아기의 불안은 자기 자신에게로 향하게 되고, 이것이 바로 우울의 근원이 된다.

어머니가 충분히 좋은 존재이고 실제로도 좋은 존재여야만 아기는 우울을 극복할 수 있으며, 그래야만 좋은 대상이 지속적으로 아이에게 내면화될 수 있다. 이런 식으로 어머니에 대해 내적으로 갖고 있는 이미지는 옅어지거나 어떤 경우엔 없어지기도 한다. 만일 우울기가 너무도 힘들다면(가능한 원인에 대해서는 '도착의 근원' 파트에서 살펴보도록 하자) 아기는 편집형 정신분열증의 단계에 고착된다.

어른의 경우에는 타인에 대해 분열, 투사, 이상화, 폄하의 증상으로 나타나는데, 이것이 바로 악성 자기애자들이 주로 사용하는 기제다. 만일 아기가 우울기를 받아들일 수 없다면, 우울감을 피하려 자신의 정서에 대해 투사와 분열의 기제를 계속 유지할 위험이 있다. 악성 자기애자들이 바로 그러한 사람들이다. 그들은 자신의 불안을 상대에게 떠넘기는데, 이때 상대의 상태가 나빠질수록 자신은 좋은 상태가 된다.

희생양을 자신에게 종속시키는 방법

부정, 분열, 투사동일시가 악성 자기애자들의 특징이기는 하나, 그렇다고 그들이 사용하는 유일한 메커니즘은 아니라는 것을 앞서 확인했다. 그들과 거리를 두어 집착에서 벗어나보면 피해자들은 상대가 얼마나 광기의 상태에 있었는지 알 수 있다. 악성 자기애자 역시 본인의 상태를 잘 알고 있다. 그렇기에 희생양이 자신에게 거리를 두는 것을 결코 허락지 않고, 그들의 관계가 정상이 아니라는 사실을 알려주거나 느끼게 할 수 있는 다른 사람들과의 만남도 용인하지 않는다. 그런 식으로 피해자를 계속 비하하며 고립시켜 간다.

우리 모두 인생의 중요 시점에 이르면 자기애에 균열이 생길 위험이 있다. 새로 취직한 직장에서 인정을 받아야 할 필요를 강하게 느끼는 것 등이 그러한 예이다. 새로운 직장생활을 잘할 수 있을지에 대한 확신이 없고, 자신의 장점을 증명해 보여야 할 필요를 느낀다. 그런 대상은 악성 자기애자의 이상적인 먹잇감이 되기 쉽다. 도착자는 그에게 온갖 찬사를 늘어놓다가 그를 비하하기 시작한다. 이러한 경우 자기애의 균열은 새로운 직장에 취직한 후 생긴, 환경에 의해 발생한 균열이다.

그러나 유년기의 학대와 부모로부터 돌봄을 잘 받지 못해 생긴, 인격 구조화된 자기애의 결함도 존재한다. 도착자는 상대의 자기애가 약하다는 것을 재빨리 간파해내는 능력이 있다.

자크는 자신의 여자친구인 피에레트의 심기가 불편하다는 것을 느꼈다. 그는 기분이 좋지 않을 때 연극단에 참여하여 자신의 감정을 표현하는 것이 도움이 된다고 느꼈다. 그래서 자연스레 여자친구에게도 함께하자고 권유했다. 그의 목적은 피에레트의 기분이 더 나아지고 자신이 좋아하는 사람들을 그녀에게 소개해주는 것이었다. 그러나 둘이 참석한 모든 자리에서 피에레트는 자크를 불편하게 만들었다. 헤어지자 협박하고 사사건건 비난하며, 빨리 자리를 떠나자고 종용하거나 자크의 친구들에게 추파를 던지기도 했다.

피에레트는 일 때문에 극단 연습이 시작된 지 며칠이 지나 합류한 터였다. 거기서 피에레트는 자크가 친구들과 재미있게 노는 모습을 목격하였다. 그날 저녁부터 그녀는 수도 없이 자크에게 헤어

악성 자기애자들은 자신의 희생양을 늘 가까이에 두고 있어야 한다. 그렇기에 그들의 먹잇감은 배우자나 부모, 동료, 상사 등 주로 가까운 이들이다. 교수와 학생, 군대나 회사의 고참과 부하직원과 같은 상하 지휘관계를 이용하는 경우도 있다. 그들에게는 종속, 혈연관계 혹은 연인관계와 같은 끊기 어려운 근접한 관계가 필요하다. 이러한 필연적이고 원초적인 근접성에 기반을 두어 피해자를 자신에게 묶어둔다.

지자고 협박하였다. 자크는 그런 말을 받아들이기가 너무 힘들었지만 피에레트는 계속해서 그의 행동을 끝없이 비난했다.

"내게 소리를 지를 게 아니라 내가 얼마나 기분이 상했을지를 생각해봐."

피에레트로부터 헤어지겠다는 협박을 받자 자크는 불현듯 자신의 행동에 진짜로 문제가 있는 건지 두려워졌다. 그러다 슬며시 그에 대한 죄책감마저 느끼게 되었다. 자크의 친구들은 자크가 피에레트와 함께 있으면 행동이 완전히 다른 사람처럼 변한다는 것을 그에게 알려주었다. 얼마 후 자크는 피에레트를 남겨두고 혼자 극단을 떠나겠다고 결심하였다. 돌아오는 길에 피에레트로부터 헤어지자는 말을 또 듣게 되었지만 자크는 예전보다는 한결 나아짐을 느낄 수 있었다. 그녀와 심리적인 거리를 유지한 덕분에 처음으로 그녀의 일방적인 결별선언을 받아들이게 되었다.

프랑크와 마갈리 부부는 마갈리의 오랜 친구들 부부를 집에 초대하여 며칠간 함께 지내게 되었다. 어느 아침엔가 남자들은 빵을 사러

나갔고, 마갈리의 친구 로라는 마갈리가 누워 있는 침대에 함께 누웠다. 마갈리는 당시 임신해 있었고, 임신을 원하고 있던 로라는 마갈리에게 여러 질문을 쏟아냈다. 남자들이 돌아왔을 때 프랑크는 두 여자가 부부 침대에 나란히 누워 웃고 있는 모습을 보고 충격에 휩싸였다. 그는 불같이 화를 냈다. 마갈리가 부부의 침실을 더럽히고, 손님들을 바깥으로 몰아냈다며 그녀를 힐난했다.

마갈리는 충격에 무너질 것 같았다. 함께 있었던 로라는 그녀에게 전화를 걸어 사과를 했지만 한편으론 프랑크·마갈리 부부와 절교하고 싶다는 말도 덧붙였다. 프랑크는 마갈리를 도와주려던 주변인들로부터 그녀를 고립시키는 데 성공했다. 그럼으로써 프랑크는 마갈리에 대한 지배를 더욱 강화할 수 있게 되었다. 프랑크는 상대방을 비난하고 죄책감을 던져주었을 뿐만 아니라 자신의 질투와 불안[3]까지 투사한 것이다.

---

3 어떤 정신분석학자들은 억압된 동성애의 충동이 편집증적 특징의 기원이라고 말한다. 사용된 방어기제는 충동을 자신의 바깥으로 돌려 투사동일시를 사용하여 타인에게 충동을 떠넘기는 것이다. 견딜 수 없는 동성애의 충동은 "사랑해"를 "증오해"로 바꾸어놓는다. 주체는 자신의 충동을 "그는 나를 싫어해. 그가 나를 싫어하기 때문에 나도 그를 싫어하는 거야"라는 식의 형태로 느낀다. 환각의 수준에 따라 우리는 병적 편집이나 편집증이라고 부른다. 편집증적 특징은 나르시시스트형 변태의 특성 중 일부이다.

제3자를 이용하기

영화로도 제작된 18세기의 유명한 소설 〈위험한 관계(Les Liaisons Dangereuses)〉[4]라는 작품이 있다. 이 작품에는 마르키즈 드 메르퇴이 (Marquise de Merteuil)와 비콩트 드 발몽(Vicomte de Valmont)이라는 두 주인공이 등장한다.

여주인공 메르퇴이는 자신의 목적을 이루기 위해 발몽을 이용한다. 그녀는 발몽에게 도전과제를 내주며 그녀가 갖고 있는 그의 이미지를 유지시키기 원한다면 이를 꼭 달성해야 한다고 이른다. 그러면서 이들 커플 사이에 분열이 일어난다. 메르퇴이는 그녀의 희생양들에게 좋은 이미지를 보여주면서 그들이 그녀 앞에서 속내를 털어놓아도 되는 절친처럼 행동한다.

이러한 상황에서 메르퇴이 대신 극심한 혼란을 겪는 것은 발몽이다. 마치 메르퇴이는 지킬 박사가 되는 것이고, 발몽은 메르퇴이 대신 하이드 씨가 되어가는 격이다. 발몽은 메르퇴이의 남근이 되는 것이다. 흥미로운 사실은, 발몽이 있기에 메르퇴이는 절대 위험에 빠지지 않는다는 점이다.

줄리앙의 회사에서는 매일 아침마다 회의가 열린다. 회의 때마다 그의 팀장은 자신의 좋지 않은 기분을 풀기 위해 직원 중 한 사람을

---

4 Choderlos de Laclos P., 위험한 관계(Les liaisons dangereuses), Pocket, 2008

지목하여 자기 희생양으로 만들곤 했다. 그런 일은 매우 자주 일어났다. 그 팀장의 정서적 폭력을 지켜본 많은 직원들은 자신이 어떻게 반응해야 할지 입장을 선택해야만 했다. 팀장 편에 서거나, 일자리를 잃을 위험을 감수하고라도 팀장의 반대편에 서거나…… 선택지는 이 두 개다.

어느 날 아침, 팀장은 사람들 앞에서 여직원 중 한 명을 '걸레'로 취급했다. 그 소리를 듣고 시시덕거리며 웃는 그의 동료들을 보고 줄리앙의 상처는 더욱 심해졌다. 다른 이들은 눈을 내리깔고 잠자코 침묵을 지켰다. 그들 역시 말하자면 팀장 편인 것이다. 줄리앙도 침묵하고 있다가 회의실을 박차고 밖으로 나가버렸다. 모멸감과 죄책감을 견딜 수 없었기 때문이다. 이틀이 지난 후, 더 이상 참을 수 없었던 그는 팀장을 찾아가 욕을 퍼부었다. 그러고 나서 줄리앙은 해고되었다. 회사의 사장은 팀장의 만행을 익히 알고 있음에도 불구하고 도리어 줄리앙을 쫓아낸 것이다.

집단이나 회사, 기관 등에서 제3자를 이용하는 경우를 종종 본다. 도착자가 한 집단에 들어가면 그 집단의 일부를 오히려 도착자로 만든다.

도착자가 제3자를 이용할 때면 자신은 절대 위험에 빠지지 않는다. 그것과 마찬가지로 소설 〈위험한 관계〉에서도 희생양인 발몽은 마지막 장면에서 자살하고 만다.

도착자는 집착을 통해 희생양을 붙잡아둔다. 그렇게 해야만 그를

도착자들의 전략

고립시킬 수 있고, 제3자가 둘의 관계에 침입할지도 모른다는 불안을 없앨 수 있기 때문이다. 투사동일시는 피해자의 정동情動 자체를 없앤다. 그러나 악성 자기애자들은 자기 자신을 피해자에게 투사함으로써 피해자가 그를 대신하여 광기의 증상을 나타내게 만든다. 그렇기에 그는 상대를 비하해야만 한다.

도착자는 상대가 자신을 떠날지도 모른다는 분리불안을 갖고 있다. 피에레트가 자크에게 헤어지자고 협박할 때, 피에레트는 사실 자신의 분리불안을 이용해 장난을 치고 있는 것이다. 그러나 누군가를 떠나기 위해서는 일단 그와 함께 있어야 한다. 그것이 바로 도착자들이 피해자들을 괴롭히고 떠났다가 이내 그를 다시 찾아오는 패턴을 반복하는 이유다.

도착자들은 자신은 헤어져도 잃을 것이 별로 없다는 것을 보여주기 위해 그를 버린다. 자신의 즐거움을 위해, 분리불안을 잠재우기 위해 상대를 먼저 버리는 것이다. 그런 다음 그를 다시 유혹하여 자신의 곁에 붙잡아두고, 유혹이나 투사, 행동, 죄책감 주기 등의 기제로 동일한 사이클을 반복한다.

"As if", 위선자이자 사기꾼

도착자에게는 환상이란 것이 거의 없다. 욕망이 생기는 즉시 행동으로 옮기기 때문이다. 깊은 감정을 느끼는 것도 없고, 피해자가 느끼는 고통 따윈 전혀 고려하지 않는다. 오히려 희생자의 고통이 그에게는 즐거움의 원천이다.

너무나 큰 고통을 겪고 있는 나머지 악성 자기애적 기제를 사용해서 이 고통에서 벗어나려는 사람들, 고통도 죄책감도 모르는 도착자들, 공감하는 척하고 이해하는 척하다가 결국에는 냉정하게 행동하는 사람들 등…… 여러 종류의 도착자가 존재한다. 도날드 위니컷(Donald Winnicott)은 그들을 "as if(마치 ~인 것처럼)"라고 부른다. 그들은 자신의 목소리를 낮추고, 아름답고 근사한 이론을 들먹이며, 때로는 희생양들을 동정하는 척하며 연기한다. 어떤 이들은 보호자 또는 대의의 수호자 역할을 자처하며 다양한 도움들을 완벽히 수행하기도 한다.[5] 심지어는 타인을 병들게 하거나 낫게 하는 일도 있다.[6]

자크는 그의 누나와 피에레트가 함께할 수 있는 자리를 마련했다. 그는 자기 누나에게 말했다. "내가 피에레트와 사랑에 빠지게 된 후 그녀가 고통 받는 것을 보고 나 또한 마음이 많이 아팠어. 그래서 오늘 오후에 시간을 내서 피에레트를 위로해주려고 만났어." 누나는 자크에게 이렇게 대답했다. "자크, 피에레트가 있는 이 자리에

5 스티븐 스필버그 감독의 〈캐치 미 이프 유 캔(Catch me if you can, 2002)〉이라는 영화가 있다. 이 영화에서 레오나르도 디카프리오는 파일럿이 되었다가 다시 외과의사가 되어 사람들을 속인다. 그러다가 화폐 위조자가 된다.
6 뮌하우젠 증후군(Münchausen syndrome, 습관적으로 거짓말을 하며 그 거짓말에 본인도 도취되어 버리는 증상)의 극단적인 예와 같음.

도착자는 반드시 자신의 희생양을 통제하고 그의 말을 폄하해야 한다. 상대방을 잃거나, 죽음에의 불안을 느끼거나, 자신의 희생양이 가지고 있는 불안에 직면해야 하는 위험이 있을지라도 그렇게 해야만 한다. 그렇기에 도착자는 상대가 잘못하지 않은 것에 대해서도 비난하고, 관계에 대한 지표마저 송두리째 흔들어놓으며 상대를 혼돈 상태에 빠뜨린다. 최면 시도와 크게 다르지 않다고 보면 된다.

도착자는 뇌가 마비상태가 될 정도로 혼란스러운 역설적 금지령을 내리고 허구적 비난으로 공격한다. 그렇기에 결국 그의 희생양은 우리의 관계가 어디쯤에 있고, 우리가 어떤 사람인지에 대한 인식마저 잃어간다. 오직 상대가 자비를 베풀어주기만을 바라는 종속적 상태가 되고 마는 것이다.

서 그렇게 직접적으로 말하면 상대방에게 실례인 거야. 그렇게 말하면 안 돼."

그러나 피에레트는 도리어 자크의 누나에게 "저는 자크를 잘 알기 때문에 마음 상하는 일은 없어요." 하며 누나를 안심시켰다. 자크는 피에레트의 이런 성숙하고 따뜻한 마음에 감동 받았다. 그러나 피에레트가 이런 말과 행동을 한 것은 다른 사람이 있는 자리였으므로 어쩔 수 없이 일시적으로 연기한 것뿐이다.

그 이후 피에레트는 수개월 동안 자크의 행동을 비난하고 협박하였다. 끊임없이 상대를 비하하며 자신의 불안을 투사했다. 피에레트는 그 상황을 자크의 누나에게 좋은 이미지를 얻기 위한 기회로 이용한 다음, 그녀의 남자친구에게는 자신의 불안을 투사하고 조종하고 죄책감을 주며 불편하게 만들었다. 결국 누나와 함께 했던 그 날의 상황을 역이용한 것이다.

그녀와 동거한 지 4개월 만의 일이다. 그녀는 19살이었고 나는 29살이었다. 그녀는 수백만 유로와 아버지의 회사, 호주 농장을 유산으로 상속받을 것이라고 말했다. 그녀가 하는 말은 매우 구체적이었고, 유언장과 같은 여러 문서들을 보여주었기에 나는 그녀의 말을 믿을 수밖에 없었다.

하지만 시간이 지날수록 그녀가 나에게 이런저런 거짓말을 하고 있다는 사실을 알게 되었다. 최근 그녀가 새 자동차와 새 집을 사겠다며 받아온 견적서를 보고 나는 더욱 그녀의 거짓말의 심각성을 깨닫게 되었다. 영업장을 방문한 후 가계약서에 서명한 뒤 다시 한 달이 지나면 마지막 순간에 계약을 취소하는 패턴이 이어졌다.

"그녀의 어린 시절이 힘들었다는 것을 알아요. 언젠가 그녀가 어린 시절 살았던 집에 저를 데리고 간 적이 있었는데 그건 사실이었던 것 같아요. 그런데 그 이후 자기가 부잣집에 입양되었다는 말은 믿기 어려워요. 저는 지금 그녀에 대한 모든 것이 의심스러워요."

그녀는 불우한 유년기를 보냈을 것이 틀림없다. 그녀의 현재 행동이 불우한 유년의 기억에서 기인하는 것이라는 걸 알지만 그녀는 고치려는 노력이 아예 없는 것 같다. 그 대신 내가 갈수록 힘들어지고 있다. 그녀를 사귄 이후 나는 감정적으로도 금전적으로도 타격을 입고 있다. 지금까지 그녀를 위해 거의 4,000유로를 쓴 것 같다. 내 차를 쓰고, 내 신용카드를 쓰고, 게다가 우리의 생활비도 나 혼자 모두 부담하고 있다.

"그렇게 그녀가 해달라는 대로 하게 되요. 어디선가 이런 사람들은 사랑으로도 바뀌지 않는다는 기사를 읽은 적이 있어요. 그녀를 떠나야 한다는 걸 머리로는 충분히 알겠는데 감정적으로는 잘 되지 않아요. 마치 덫에 걸린 기분이에요."

강력한 의존관계

도착이 일어나기 위해서는 상사-부하, 가족, 연인 관계 등 먼저 강력한 유대 관계가 있어야 한다. 그렇기에 도착자와의 관계를 끊기 위해서는 직장을 잃거나 자녀들을 못 만나게 되거나 혹은 집을 잃을 수도 있다.

도착자 부모의 경우에는, 자신과 아이가 절연하는 것이 아이에겐 부모를 잃는 것과 똑같다. 또한 부모가 역할을 충분히 하지 못할 경우에 아이는 부모를 잃을지도 모른다는 두려움에서 벗어나기 위해 부모에 대해 역으로 좋은 이미지를 가질 수도 있다. 그렇기에 좋은 부모와 결별하는 것보다 아이러니하게도 나쁜 부모와 결별하는 것이 더 힘들다.

도착자의 힘은 '주지 않을 수 있는 능력'에 있다. 들인 공이 있을 때 그는 상대를 쉬이 떠날 수가 없다. 연인관계에서 상대방이 떠나지 못하게 붙잡는 것은 사랑인가, 집착인가, 결핍인가? 피해자의 힘은 줄 수 있는 능력이고, 도착자의 힘은 아무것도 주지 않은 채 기대와 희망을 심어주는 데 있다. 왜 도착자들은 피해자에게 도움이 될 만한 모든 시도를 그토록 폄하하려 안간힘을 쓸까? 이제는 그 이유가 무언지 이해가 될 것이다.

어떤 경우에는 가해자-피해자의 관계는 가학-피학성애자의 관계와 유사하다. 이러한 관계에서 각각은 자신의 방식으로 자기의 힘을 보여주고자 한다. 의존은 결핍에서 생겨난다는 사실을 우리는 안다. 그러나 대부분의 경우 피해자는 좋은 사람인 경우가 많다. 사람을 잘 믿으며 최면에 쉬이 빠져드는 사람들이라면, 어린 시절 충분히 많은 것을 받지 못해 자기 능력이 어디까지인지 그 한계를 잘 모르는 사람이기도 하다.

만일 자기 자신이 부족하다고 느낄 때 누군가가 나타나서 그에 의해 자기가 충족되고 완성되며 완전한 존재가 될 수 있기를 바라는 욕망을 갖고 있다면 어떨까? 그럴 때 실제로 누군가가 나타나서 자신의 욕망을 들어준다면 어떻게 될까? 둘이지만 그와 하나가 되었다는 느낌이 들지 않겠는가. 피해자는 자신의 욕망을 들어주는 그 사람을 쉬이 받아들일 수밖에 없다. 결국 그를 떠나지 못하게 될 것이다.

장 베르제레(Jean Bergeret)는 이들 관계가 분리와 결합 관계의 반복이라고 말한다. 각자가 상대의 욕망 안에 들어가고, 상대의 욕망에 압도되어 버리는 상황을 두려워하게 될 것이다. 도착자에 대해 공부하는 것은 자기 자신에 대해 성찰하는 것이기도 하다. 자신과 조우하고 스스로 완전체가 될 수 있는 가장 좋은 방법이다. 그러면 우리는 더 이상 도착자를 만날 필요도 없어지고, 어떤 욕망이 생기

게 되어도 좀 더 편하고 평화롭게, 그리고 건설적인 관계에 들어갈
수 있다.

7장

희생양이 입는 피해

자기애성 도착은 광기와 신경증의 교차점에 있다. 정신적 문제를 겪고 있는 사람들은 자신이 겪고 있는 문제에서 벗어나기 위해 악성 자기애자의 기제를 사용한다. 도착적 인격구조가 형성된 사람들은 그가 쏟아낼 대상인 피해자가 있는 한 자신은 안전하다. 반대로 피해자들은 분리불안, 분노 등 도착자의 증상을 고스란히 떠안게 된다. 도착자와 희생양의 관계 정도에 따라 이것은 우울증에서 자살시도, 폭력에서 도착, 혼돈에서 해리, 심지어는 광기로 이어진다.

완전한 혼돈상태

도착자들은 피해자에게 혼란을 자주 심어준다. 역설적 금지령, 폭력적 공격, 비하 후 이어지는 유혹은 피해자가 건강하게 반응하지 못하도록 만든다. 역설은 피해자로 하여금 도착자의 말을 표면적 의미 그대로 믿어도 되는지 안 되는지에 대한 혼란을 가져다준다. 그 어떤 논리도 통용되지 않는다. 곧 피해자는 끊임없는 경계상태에 놓이게 되고 불신과 위험을 느끼지만 현실 검증력은 이미 떨어져 있는 상태다.

운전을 하고 있다고 상상해보자. 운전자는 옆에 탄 사람과 지적인 대화를 하고 있다. 갑자기 차 한 대가 당신의 오른편으로 빠르게 다가온다. 이때 당신은 즉각적으로 모든 지적사고를 철회하고, 대신 모든 정신을 반사신경에만 집중하게 될 것이다. 이런 상태에서 당신은 이전의 지적인 대화를 이어나가기가 불가능해진다. 이처럼 위험시에는 반응을 관장하는 대뇌피질 영역을 활성화하기 위해 지적사고를 철회한다.

그뿐만 아니다. 자아도 초자아도 없다. 오직 높은 수준의 경계와 집중이 있을 뿐, 깊이 생각할 수 있는 사고능력은 사라진다. 악성 자기애자의 피해자들은 바로 이러한 상태에 빠지게 되는 것이다.

현실 검증력을 상실한 피해자는 제3자의 말을 들을 필요가 있다. 그 사람이 친구일 수도, 부모일 수도, 상담 치료사일 수도 있다. 누구든 상관없다. 중요한 것은 그가 중립적인 사람이어야 한다는 것이다. 중립성은 현실을 재평가해줄 것이기 때문이다.

그러므로 중립적이고 따뜻한 누군가를 믿고 그에게 상황을 맡겨버리는 것이 중요하다. 그 제3자는 가감 없이 상황을 정확하게 다시 진단해줄 것이고, 도착자를 말 그대로 '변태'라 지칭할 것이다. 이 관계는 끔찍하며, 변태가 행하는 일련의 행동들은 도저히 상식적으로 허용 불가한 것이라고 그는 말해줄 것이다.

낮아지는 방어력

우리의 내면을 다루는 심리적 방어기제는 같은 방식으로 존재한다. 반자극(Para excitation)이라는 기제가 존재하는데, 이는 외부의 자극으로부터 스스로를 보호하는 기제이다. '반자극의 기능은 자신을 파괴할 위험이 있는 외부의 강한 자극으로부터 정신기관을 보호하는 것이다.'[1]

반자극은 정신계 주변, 의미와 외부세계의 기관 사이 접경지에 위치해 있는 인지적 심급이다. 정신세계는 외부적 자극을 그것의 질에 따라서 얼마나 받아들일 것인지를 결정한다. 예를 들어 설명해보자. 내가 만일 모르는 사람을 만나면 우선 그를 경계할 것이다. 좋은 사람인가 나쁜 사람인가? 따뜻한 사람인가 위험한 사람인가?

1　La plqnche J., Pontalis J.-B, 정신분석학 용어사전(Vocabulaire de la psychanalyse), op.cit.

이 질문에 대한 답에 따라 그와의 만남에서 나오는 정보들을 주입할 것이다. 만일 그 사람이 멍청하거나 그가 나를 욕한다면, 그가 하는 말은 내게 큰 영향을 주지 못할 것이다. 반대로 나의 오랜 친구를 만났고 오랜 시간 교감을 나눈 사이인데, 그가 나에 대해 나쁘게 말한다면 나는 쉽게 상처 받고 말 것이다.

사례에 계속 등장하는 자크의 고백을 들어보자.

"우리는 멋진 주말을 보냈고 저는 행복했어요. 우리는 결국 다시 만나게 되었죠. 우리 다툼의 이면에는 사랑이 있었고, 여전히 우린 천생연분이라고 믿었죠. 주말이 끝날 무렵 그녀는 내게 말했어요. '넌 정말 내게 잘해! 내가 그렇게 못되게 했는데도 너는 어쩌면 내게 이렇게 자상할 수가 있지?' 그래서 제가 말했죠. '그건 내가 너를 정말 사랑해서야. 그리고 나는 원래가 좀 친절한 사람이야.' 그리고 그 다음날 제가 그녀에게 전화를 걸었어요. 계속 저의 마음속은 그녀로 가득 차 있는 상태였죠. 그녀가 하는 말이라면 무슨 말이든 받아들일 준비가 되어 있었어요. 그런데 그녀는 다짜고짜 '너는 암적인 존재야. 내가 너랑 헤어지길 원한다는 사실을 아직도 모르겠어?'라고 말하는 거예요. 저는 정말 어안이 벙벙했죠. 마치 가슴이 산산조각으로 찢어지는 것 같았어요."

도착자들은 보통 유혹의 단계에 들어서기 전에 상대의 이미지를 비하하는 말을 한다. 방어력이 낮아진 피해자는 도착자의 말에 완전히 휘둘린다. 유년기에 역설적 공격을 너무 많이 당했거나 반자극이 결핍된 인격장애를 갖고 있는 경우, 자아와 그 나머지 세계를 혼돈하는 경우도 있다. 그럴 때 자폐적 퇴행을 보이기도 하고, 그보다 덜한 경우 이인증과 같은 더욱 강력한 기제에 의존하게 된다.

반자극은 자신을 보호하지만 외부세계에서 오는 자극의 질과 양에 따라 수용의 정도가 결정된다. 자신감이 있을 때는 독서 등을 통해 외부세계를 걸러서 인식한다. 우리가 진정 보고 싶지 않은 세계에 대해서는 거리를 두게 된다.

악성 자기애자가 사용하는 역설적 커뮤니케이션은 피해자의 반자극 능력을 파괴하고 금지명령이나 투사의 효과를 더욱 강화하는 특징이 있다.

이인증

베르나르의 이야기다.

"아버지가 저를 때릴 때 그렇게 아프지는 않았어요. 아버지는 제 몸을 두드려 팼지만 매질이 그렇게 아프진 않았어요. 저는 몸을 동그랗게 웅크린 채 그 시간이 지나가기만을 기다렸죠."

견딜 수 없는 것을 견디기 위해 베르나르는 아버지에게 매를 맞는 순간 자신의 육체에서 분리되어 방관자가 되었다. 몸은 매질을 당하고 있으나 자신은 그 장면에서 분리된 것이다. 이런 이인증(離人症, depersonalization, 자신이 낯설게 느껴지거나 자신과 분리된 느낌을 경험하는 것_편집자 주)은 내·외부적 갈등에 맞닥뜨릴 때 점차 주요 방어

희생양이 입는 피해

기제가 된다.

어른이 되어서 베르나르는 사소한 문제와 경미한 비난에도 금세 방관자가 되곤 했다. 갈등이 외부적인 것일 경우라면 그는 관계를 끊어버리는 것으로 해결했다. 누군가 곤란한 질문을 하면 대답을 회피하거나 우회했다. 갈등이 내부적인 경우라면 마음의 빗장을 걸어 잠가버렸다. 조금씩 그는 자기 자신과 세상으로부터 단절되어 갔고 어머니의 집에서 홀로 틀어박혀 지냈다.

베르나르는 이원화 기제를 사용했으므로 환각 증세를 보이진 않았다. 하지만 그는 광기와 정상의 경계에 늘 서 있었다. 그는 점차 이상하고 고립된 사람이 되어갔지만 그렇다고 미치거나 도착이 발생하지는 않았다. 폭력적이고 도착적인 아버지에 대항하기 위해서는 반자극이 필요한데 그에게는 이 반자극이 결핍되었던 것이다. 대신 그 결핍을 이인화로 대응하였다.

도착자는 반복되는 역설적 공격을 가하며 상대를 미치게 만든다. 폭력, 우울, 이인화는 그 공격에 대응하는 피해자의 기제다. 피해자가 보이는 폭력성은 도착자의 독성을 밖으로 밀어내기 위한 시도이고, 우울은 보복이나 버림받을 것이 두려워 도착자에게 사용할 수 없는 폭력성이 자기 자신의 내부로 향하는 것이다. 그리고 이인화는 갈등을 피하기 위한 시도다. 이인화와 외상 후 스트레스 증후군은 도착자에게 희생당한 피해자들이 주로 겪는 병증이다.

에스텔의 증언을 들어보자.

"제 상사인 장 피에르는 수시로 제게 전화를 걸어 제가 너무나 멋진 여자이고 저를 사랑한다고 말해요. 그러다 또 어느 때는 갑자기 제가 너무나 나쁜 인간이며, 저를 해고하고 싶다고 말해요. 저는 끊임없는 긴장 속에 살고 있어요. 어느 날 제가 누군가를 기다리며 차에 타고 있었는데 그 사람이 제쪽 차문을 벌컥 여는 거예요. 그 상황에서 저는 너무 놀라 심장이 멎을 것 같았어요."

현재 에스텔은 외상 후 스트레스 증후군을 보이고 있다. 이는 전쟁에 참전했다가 살아 돌아온 사람들이 겪는 증상과 유사하다.

도착 증세도 전염되는가?

도착자는 다른 사람을 도착자로 만들 수 있을까? 인격이 완전히 형성되지 않은 아이들을 제외하고 이야기하자면, 도착자는 타인을 그와 같은 도착자로 만들 수는 없다. 그러나 도착자는 우리의 내면, 다시 말해 우리의 정신구조를 보여줄 수는 있다. 도착자가 되기 위해서는 그러한 기질적 성향이 있어야 한다. 그들은 피해자에게 우울, 폭력, 기타 정신질환을 안겨주지만, 중요한 것은 무엇보다도 상황에 대한 대응을 어떻게 하느냐에 있다. 도착적 방어기제를 적시에 대응할 필요가 있다는 얘기다.

악성 자기애자들의 기제가 일반인들을 도착자로 만들지는 않는다. 만일 누군가 나의 오른쪽 뺨을 때린다면 그 반응은 사람마다 다를 것이다. 어떤 이들은 똑같이 반격할 것이고, 또 어떤 이들은 그냥 고통만 받고 있을 것이며, 드물기는 하지만 왼쪽 뺨을 내어주는 사람도 있을 수 있다.

더 잘 이해하기 위해서는 역학의 관점에서 에너지의 이동을 살펴볼 필요가 있다. 금지명령이든 역설이든 다른 것이든 도착자들은 외적 자극을 주며 상대를 공격한다. 그렇게 함으로써 앞서 설명했던 도착자의 극심한 혼돈 상태를 피해자가 떠안게 되는 것이다. 외부적 자극에 대한 대응은 내부적 자극이 될 수 있다. 다시 말하면 충동이 생기는 것이다. 이 충동은 폭력의 형태를 띤다. 이 에너지는 그 다음으로는 어디로 가게 되는 것일까? 투사의 형태로 도착자에게 다시 돌려줄 수도 있고, 다른 대상이나 목표로 옮겨지거나, 자신의 내부로 향하게 할 수도 있다. 에너지가 내부로 향하게 되면 바로 우울증과 같은 병리적 상태가 된다.

우리가 앞서 살펴보았던 사례에서 보면, 프랑크는 자신의 아내 마갈리를 자주 공격한다. 이에 마갈리는 우울증에 빠진다. 베르나르는 자신을 이인화하여 견디고 있다. 팀장의 공격을 참아왔던 줄리앙은 운 나쁜 시기에 반격한다. 팀장 역시 자신이 유년기 때 받았던 공격을 그렇게 푸는 것일지도 모른다.

그렇다면 우리의 대응방법은 어떨까? 내가 택한 대응법은 적절한 것일까? 이 대응법은 어디서 왔을까? 다른 방법을 모색해보아야 할까? 이런 식의 질문들을 우리 자신에게 한번 던져보자. 이는 매우 중요한 과정이다.

피해자가 되기 쉬운 유형

타인의 마음을 조종하는 사람에 대해 연구하며 저술한 크리스토프 카레(Christophe Carré)[2]는 그의 저서에서 희생양들의 일반적인 특징에 대해 알려주고 있다. 희생양들은 대체로 인심이 후하고 진정성이 있으며 사랑스럽고 타인에게 열린 마음을 갖고 있다. 연인과의 관계에서 신뢰를 공고히 쌓고 있으나 한편 요령 없이 순진해빠진 모습도 보인다. 스스로에 대한 자신감이 결여되어 있는 점도 공통적이다. 누군가 자신의 부족한 점을 보완하여 완벽해질 수 있도록 도와주는 관계를 바라며, 과도하게 감정이입을 잘하고 책임감이 강하다.

피해자들은 타인을 보호해주려 하며 사랑하고 위로하고 달래준다. 쉽게 스스로를 비난하고 죄책감을 느낀다. 비판적 시각과 자율성과 존엄성을 자발적으로 포기하는 경우도 많다. 다른 사람을 늘 기쁘게 하려 노력하며 자신이 가진 최고의 모습만을 보여주려 한다. 타인에게 쉽게 종속되며, 사랑하는 대상에 대해 환상을 품는 일도 많다. 그 환상 또한 오래간 지속된다. 자신의 사랑에 대해 자랑스러워하고 자신만만해 하며, 현실을 직면하여 보기를 원치 않는다. 희생양은 본인이 희생양이라는 사실을 인지하지 못한다.

어떤 경우에 희생양은 마조히스트(피학성애자)의 기질을 보이기도

---

2   Carré C., 일상에서의 조종(La manipulation au quotidien), Edition Eyrolles, 2007.

한다. 도착자에게 자발적으로 고통이나 조롱을 받고 싶어 하기도 한다. 앞에서 살펴보았듯이 도착자도 희생자도 모두 자기애가 결핍된 사람들이다. 이러한 결핍은 자신의 능력을 단시간 내에 보여줘야 하는 특정한 환경에서 일시적으로 오는 경우일 수도 있다. 이 때 피해자가 만약 자신감을 다시 회복한다면 어렵지 않게 이러한 상황에서 벗어날 수 있을 것이다.

그러나 대부분의 경우 자기애의 결핍은 구조적인 것이다. 피해자와 가해자는 분열, 부정, 투사 등 동일한 유형의 기제를 쓰는 것을 종종 볼 수 있다. 그러나 희생양들은 도착자와는 달리 자신의 사랑을 상대에게 쏟고 연인에게 다시금 자기애를 심어준다.

한편 아이러니하게도 도착자는 이를 못 견뎌한다. 왜냐하면 사랑과 친절과 선의를 보여주는 사람들은 언제라도 그것을 철회할 수 있기 때문이다. 뒷장에서 보겠지만, 어떤 의미로는 친절하고 더 많이 사랑하는 사람이 관계에서 주도권을 쥐는 것이라고도 할 수 있다.

묘목원 운영을 위해 장 피에르는 에스텔, 카트린, 소피 그리고 나탈리를 고용했다. 몇 개월 동안 장 피에르는 때론 유혹하고 때론 폭언을 번갈아 반복하면서 그녀들을 괴롭혔다. 이에 그녀들은 단합하기로 결정했다. 장 피에르는 그 모습을 보고 그들을 떼어놓으려고 여러 시도를 하였다. 하지만 그녀들이 너무나 강하게 단합된 걸 깨닫고 위기감을 느낀 장 피에르는 경영난을 이유로 그들을 해고하고 새로운 사람들을 뽑았다.

장 피에르의 악성 자기애적 마수에서 벗어나자 여자들은 각자의 방식대로 반응하기 시작했다. 카트린과 소피는 자신감을 회복했다. 카트린은 조경사업을 시작했고, 소피는 본인의 묘목원을 창업했다. 에스텔은 오랜 시간 동안 재취업을 하지 못했다. 상하 수직관계에 대한 공포가 있었기 때문이다. 결국 그녀는 한 회사의 공동대표가 되었다. 대표직을 맡으면 더 이상 상사를 대할 필요가 없기 때문이었다. 그 이후 그녀는 장 피에르와 전화든 편지든 그 어떤 접촉도 없었다. 하지만 나탈리는 해고 이후 어떤 일도 시작하지 못했다. 여전히 우울증에 빠져 있었기 때문이다.

이렇듯 피해자들은 각자 처해 있는 조건과 살아온 배경에 따라 다른 반응 방식을 보인다. 더 강해지거나, 여전히 그늘이 지거나…… 그러나 주목할 점은 그녀들 중 그 누구도 팀워크나 상하조직이 있는 곳에 일자리를 찾지는 않았다는 점이다.

부모 정신위생학

우리 아이들이 도착자가 되지 않도록 하려면 어떻게 해야 할까. 아이들을 물건이나 자신의 연장선상으로, 혹은 분신으로 생각하지 말자. 그들을 주체로 취급하고 그들에게 필요한 것을 주면서 그들이 자신의 길을 찾을 수 있도록 도와주어야 한다. 규칙을 정해놓고 일관성 있게 행동하는 것도 중요하다. 이는 다소 역설적일 수 있다.

아이에게 담배를 피우지 말라고 해놓고는 부모가 담배를 피우고 있다면 이것이야말로 프랑스 속담인 '내가 행동하는 대로 하지 말고, 내가 말하는 대로만 하라'라는 말이 딱 들어맞는 행위 아닌가.

집단적으로 합의한 일반적인 관념(가령 자살이나 근친상간 등)은 위반해서는 안 된다. 그런 금기사항에 대해 불가능을 가능으로 바꾸고, 환상을 현실로 바꾸면서 판도라의 상자를 여는 행동을 해서는 안 된다. 어네스트 헤밍웨이는 자살로 생을 마감했다. 그의 손녀인 마고(Margaux)[3] 역시 할아버지가 사망하기 바로 전날 자살로 생을 마치고 말았다. 많은 사람들이 자살에 대해 한 번쯤 생각한다. 그러나 행동으로 옮기는 것은 금지되어 있고, 현실에서는 고려에서 제외되기에 있을 수 없는 일로 생각한다.

앞선 사례에서 아내를 괴롭히는 남편인 프랑크의 이야기를 해보겠다. 프랑크의 어머니는 어렸을 적부터 아들인 프랑크에게 이 말을 수도 없이 반복했다. "아버지가 없을 때에는 네가 우리집 가장이다." 그녀는 현실에서 프랑크를 근친상간의 영역 안으로 들어오도록 만들어버린 것이다. 그녀는 다시 말해 현실에서 금지된 것을 허용해버렸다. 아버지 대신 가장이라고 부르면서, 어떻게 자기 엄마와 부부가 된 환상을 갖지 않을 수가 있을까? 그러면서도 아이가 오이디푸스 환상에 접근치 못하게 한다.

---

3 헤밍웨이의 손녀인 마고는 유명한 와이너리인 샤토 마고(Chateau Margaux)에게 경의를 표하는 의미에서 이름 지어졌다. 그녀는 아이러니하게도 알코올중독자였다. 알코올중독의 늪에서 벗어나고자 그녀는 개명신청을 하여 이름의 스펠링을 Margaux에서 Margot로 바꾸었다.

그러다 아버지가 집에 돌아왔을 때 프랑크는 알 수 없는 배신감에 몸서리쳤다. 프랑크는 성인이 되어 결혼을 했다. 그는 제3자가 그들 부부의 관계에 서슴없이 개입하는 환상에 자주 시달렸다. 그는 결국 깊은 불안에 빠졌고, 자신의 편집증을 아내에게도 투사했다. 아내가 임신을 하게 된 것도 먼저 선수를 쳐서 임신시킨 것이었다. 그러면서도 아내를 끊임없이 무시하면서 정작 자기는 바람을 피우기 일쑤였다. 그리곤 끝내 아내를 버렸다.

이번에는 피에레트의 이야기를 해보자. 그녀가 어렸을 때 피에레트는 어머니가 아버지를 속이고 바람을 피운다는 사실을 알았다. 어머니가 애인을 만나러 나갈 때면 남편과 아이들을 버려두고 집을 떠났다. 피에레트는 아버지가 힘들어하는 모습을 보며 자신도 고통스러워했다. 피에레트가 어른이 되자 그녀는 환각적이고 역설적인 가치관을 갖게 되었다. 그것은 '고통은 사랑의 반증이고, 사랑은 나약함이자 상대방을 고통 속에 빠드리는 악'이라는 생각이었다. 이러한 이분법적인 논리만이 사랑을 설명해준다고 생각한 그녀는, 피해자가 되기보다는 차라리 가해자의 역할을 선택하는 것이 낫겠다고 판단하였다.

이로써 우리는 알 수 있다. 부모가 아이를 충분히 자상하게 돌보지 않거나 아이 곁에 늘 있지 않는 경우, 그 아이는 병리적 행동을 일으키기 쉽다고 볼 수 있다. 우리의 정신은 에너지를 발산함으로써 안정으로 가려는 경향을 갖고 있다. 인격의 형성 역시 마찬가지다. 마음은 자연히 밝은 쪽을 향하게 되어 있다. 손자가 "할아버지,

저 키가 이만~큼이나 컸어요!"라고 말하는 것만 들어도 우리의 입가에는 미소가 지어진다.

프로이트는 삶의 충동과 죽음의 충동을 말했다. 삶의 충동이란 우리를 앞으로 나가게 만들고, 죽음의 충동은 우리를 뒤로 끌어당긴다. 1장에서 언급한 쥐 실험을 다시 상기해보라. 전기충격을 받은 쥐는 쥐장의 문이 열려 있으면 밖으로 튀어나가 버린다. 문 밖으로 튀어 나간 쥐는 긴장을 바깥으로 쏟아낸다. 문이 닫혀 있으면 쥐는 문이 열려 있는 경우보다 훨씬 높은 긴장 수준을 보인다. 또한 긴장을 타자에게로 발산한다. 쥐장 안의 다른 쥐를 공격하는 것이다. 다른 쥐가 없을 경우라면 그 공격성은 자기 자신에게로 향해 앞발을 물어뜯는 등의 자해 양상을 보인다.

'퇴행'이라는 기제에서, 개인은 어려운 상황에 맞설 수 있는 에너지를 얻기 위해 정신적으로 후퇴한다. 아이가 이전의 발달단계로 퇴행하면서 침대에 오줌을 싸는 것 역시 생활에서 느끼는 어려움에 대응하기 위한 퇴행현상으로 볼 수 있다. 역설적으로 말하면, 인간은 자연히 앞으로 나가 자신을 표현하려 하는 경향을 보인다. 삶의 충동은 인생에 대한 성과를 달성시키는 쪽으로 밀고, 죽음의 충동은 우리를 출생의 시점으로 회귀시킨다.

만일 아이가 집에서 해결책을 찾지 못하는 경우에는 다른 곳에서 해결책을 찾으려 할 것이다. 병리적 반응은 쥐장이 닫혀 있는 경우와 같이 아이가 막다른 골목에 몰렸을 때 나타난다.

내가 상담했던 자크는 아이였을 때 그의 집 분위기를 견딜 수 없었다고 말한다. 자크는 장남이었다. 알코올중독자였던 자크의 부모님은 걸핏하면 소리를 지르곤 했다. 그럴 때마다 그는 밖으로 나가 체리나무에 숨어 있거나 큰 개에게 다가가서 위로를 받곤 했었다. 자크는 개와 체리나무에 오이디푸스를 느꼈다고 말한다.

이런 이야기를 들으면 다른 사람들은 실소를 터뜨릴지도 모르겠지만, 상담치료자로서 나는 오히려 기분이 좋았다. 유머는 훌륭한 방어기제이다. 부모들에게 이르고 싶은 점은, 우리의 아이들에게 자신감을 갖자는 말을 해주고 싶다. 그리고 '쥐장의 문'은 닫아두기보다 열어놓는 것이 아이들의 정신 건강에 좋다는 사실을 잊지 말자.

8장

악성 자기애자에 대항하기

교육 중에 이자벨이 내게 물었다.

"제 여동생은 남자친구가 있어요. 그는 학력수준이 낮고, 지금 군인이에요. 여동생은 반대로 계속 공부를 하고 싶어 해요. 그는 제 여동생과 결혼을 원하지만 제 동생이 학업을 중단하기를 종용하고 있어요. 공부 따위는 아무짝에도 쓸모없다고 말하면서요. 동생의 남자친구가 혹시 악성 자기애자일까요?"

이 질문에 대답하기 전에 그녀에게 다음 테스트를 제안했다.

아홉 개의 엑스표

X X X
X X X
X X X

아홉 개의 엑스표

이 아홉 개의 엑스표 위에 펜을 떼지 않고 그리려 한다. 오른쪽 방향을 향해 네 개의 영역으로 나눌 수 있을까? 예, 아니오로 답해 보자. 만일 방법을 못 찾는다면 당신은 스스로 만든 틀에 갇혀 마음을 닫고 있을 가능성이 있다.

해답

정신병리학 수업 중에 두 학생의 대화를 듣고 놀란 적이 있다. 겨울방학을 마치고 수업이 다시 시작되었을 때였다. 한 학생이 구릿빛으로 피부가 잔뜩 그을려서 돌아왔다. 다른 학생이 말했다. "너 스키장에 갔다 왔구나?" 다른 학생이 말했다. "아니, 난 쿠바에 다녀왔어." 나는 수업시간에 이 사례를 언급했다.

"여러분들은 증상을 찾으셨나요? '그는 피부를 그을렸다. 배경은 겨울이고.' 당신이 생각하고 있는 준거 정보에 의존하겠지요. 그리고 진단을 할 것입니다. '아, 스키를 타고 왔구나.' 여기서 우리는 이론연구의 한계와 위험에 대해 깨달을 수 있습니다. 정신분석학은 학습하는 것이 아니라는 걸 저는 여러분들께 다시 말씀드리고 싶습니다. 정신분석학은 느끼고 탐구하는 겁니다. 정답을 찾기보다는 많은 질문을 떠올리시길 바랍니다."[1]

이자벨의 처음 질문으로 돌아와보자. 여동생의 남자친구는 분명 자기애에 결함이 있다. 그러나 그것만으로 그를 도착자로 규정지을 수는 없다. 이자벨은 하나의 단서를 포착했을 뿐이다. 단지 그뿐이다.

어느 날 당시 사춘기 전이었던 막내아들은 내게 말했다. "제 인생 목표는 큰형을 밟고 올라서는 거예요." 나는 우선 아이에게 나를 믿고 솔직하게 속마음을 얘기해줘서 고맙다고 말했다. 그리고는 다음 질문을 던졌다. "네 생각으로는, 양치기와 사장 중에 어떤 직업이 더 성공한 것 같니?" 그는 일반적으로 생각할 수 있는 대답인 "사장"이라고 말하려 했지만, 아빠가 이런 질문을 한 데에는 다른 숨은 이유가 있을 것이라고 판단하고 좀 더 생각할 시간을 가졌다. 그리고는 내게 이렇게 답을 제안했다. "자기가 원하는 일을 하

---

1 연극 〈손님(Le visiteur)〉에서 감독인 에릭 엠마뉴엘 슈미트는 프로이트와 그의 딸 안나가 나누는 대화 장면을 연출한다. 프로이트는 그녀의 딸에게 말한다. "아이들은 태생적으로 철학자란다. 수많은 질문을 던지지." 안나는 아버지에게 묻는다. "어른들은요?" 프로이트는 대답한다. "어른들은 본디 바보들이란다. 늘 대답하려고 하거든." Schmitt E.-E., *Le visiteur*, Actes Sud, 2001

고 있는 사람이요."

이자벨 여동생의 미래 남편이 될 사람에 대해서 나는 이렇게 진단하고 싶다. 그는 본인이 학위가 없는 것에 대해, 그런 이유로 인정받지 못하는 사실에 대해 자기애의 결함을 보인다. 그가 말하는 것과는 달리 실제의 그는 학위에 큰 중요성을 부여하고 있다. 그렇지 않으면 아내가 학업을 계속하는 것에 대해 심기 불편해하지도 않을 것이다. 여동생이 자기 남자친구에게 "너의 학업수준이 어떻든 나는 너를 사랑해. 내가 학업을 계속할 수 있도록 도와준다면 나는 너무나 행복할 것 같아. 나는 그 어떤 사람도 다른 사람에 비해 우월하다고 생각지 않아. 중요한 건 마음이잖아. 사랑하는 사람이 그의 꿈을 이룰 수 있다면 더 바랄 것이 뭐가 있겠어?"라고 말해보기를 권한다.

그리고 이자벨에게 던져진 질문에 대해서는, 정신분석이라는 도구를 통해 대상에 대해 너무 빨리 진단 라벨을 붙이지 않도록 주의해야 할 것이란 점을 다시 한 번 강조하고 싶다.

도착자의 금언명령

투사동일시에 의해 자기 내부에 느껴지는 감정과 생각을 상대에게 떠넘기려 하면서, 도리어 그에게 도착자라고 말하는 것은 분명 도착적인 행동이다. 프랑크는 마갈리에게 끊임없이 도착자라고 말했다. 피에레트는 자크에게 암적인 존재라고 자주 말했다. 그러나 피해자의 경우에는 도착자를 있는 그대로 도착자로 인지하고 그렇게 부르는 것이 중요하다.

한 단체에서 법률 고문직을 맡고 있는 한 친구가 있다. 그는 내게 자신이 고문직을 맡고 나서 처음에는 자신의 직위가 매우 자랑스러웠다고 말했다. 단체에서는 내담자와 상담할 때 쓰라고 멋진 책상을 그에게 주었다.

어느 날 몹시 우울해 보이는 한 여성이 친구를 찾아왔다. 그녀는 자신의 상사가 사표 제출을 강요하며 자신을 괴롭힌다고 말했다. 내 친구는 그녀에게 사표를 쓰지 말고, 상사에게 그러한 행동을 자제해달라는 내용의 공문을 보내라고 조언했다. 또한 만일 그녀가 강압에 의해 사표를 내는 일이 발생하게 되면 퇴사강요 여부에 대해 심판할 수 있도록 법원에 탄원서를 쓰라고 조언해주었다. 그리고 그의 상사에게 보낼 행동 시정 요청에 대한 공문을 직접 써주기까지 하며 꼭 그 서한을 보내라고 말했다.

15일이 지나 그녀가 친구를 다시 찾아왔다. 친구는 그녀에게 상사 앞으로 공문을 보냈느냐고 물었다. 그녀는 아직 보내지 않았으며 현재 자신은 사표를 쓰려고 한다고 대답했다. 그 말을 들은 친구는 약간 언성을 높였다. "제가 조언한 것과 반대로 하신다면, 제게 왜 상담을 받으러 오시는 거죠?" 그러자 여성은 갑자기 펑펑 울기 시작했다. 내 친구는 그녀가 자신의 조언을 무시했다는 생각이 들어서 그런 말을 한 것이었는데, 그 일을 계기로 상담하는 태도를 바꿔야겠다는 생각이 들었다고 한다.

사실상 이 여성은 지난 몇 개월 동안 계속해서 괴롭힘을 당해왔다. 내 친구가 그녀에게 화를 낸 일은 그녀에게 있어서 상사가 그녀에게 수차례 했던 "당신은 나쁜 사람이야!" 이 말을 다시금 확인시켜 주는 셈이었다. 꼭 법률 자문을 얻기 위해서만이 아니라 그녀는 타인으로부터 마음의 위안을 얻기 위해 협회를 찾은 것이었다.

그 일 이후, 친구는 상담 스타일을 완전히 바꾸었다. 오랜 시간 내담자의 말을 경청하고, 그들의 가치를 재확인시켜 주며, 필요한 경우 도착자를 변태라고 가감 없이 지칭하기도 했다. 법률적 자문은 마지막 수단일 뿐이었다.

도착자가 "너는 똑똑하지 않아"라고 상대방에게 말한다면, 그는 우선 자기를 상대에 대해 판단 내릴 수 있을 정도로 힘 있는 위치에 스스로를 포지셔닝한 것이다. 자신은 어떠한 위험도 지지 않은 채 상대방을 비하하며 상대적으로 자신의 가치를 높이려는 의도다. 이렇게 말하며 도착자는 두 가지 숨은 뜻을 전달하고 있다.

'난 너에 대해 좋지 않은 이미지를 갖고 있어. 그것을 판단하고 너에게 말할 수 있을 만큼 난 충분히 똑똑해.'

악성 자기애자가 갈구하는 희열과 목표는 바로 여기에 있다. 그의 꼼수에 쉽게 꾀여 상대가 필사적으로 스스로를 정당화하면 할수록 그는 스스로를 더 멋진 사람이라고 착각하게 된다.

우리가 스스로를 정당화하면 할수록 악성 자기애자는 근거를 들며 비난과 질책의 강도를 더욱 높일 것이다. 그렇기에 어떠한 상황이 되어도 자신의 입장을 정당화하려 애쓰지 말고 모든 대화의 끈을 잘라버려라. 그렇게 하여 변태에게 도착자의 입장과 위치를 확인시켜주는 것이 중요하다.

"네가 무슨 권리가 있어서 나에 대해 그렇게 말하는 거지? 네가 왜 나를 심판하지? 그렇게 똑똑한 너는 정작 나에 대한 평가가 하나도 제대로 맞는 게 없구나."

이렇게 말하면 도착자는 갑작스런 위기감을 느끼며 그런 상황을 견디기 힘들어할 것이다. 그렇게 되면 상황이 바뀌어 도착자가 오히려 자신을 정당화하려고 애쓸 것이다. 이로서 상황이 정반대가 되는 것을 볼 수 있다. 상담치료를 받은 마갈리는 이제 알게 되었다. "도착자는 자신의 가면이 벗겨지는 순간 도망가 버려요."

주변사람들과 다시 관계 맺기

도착자의 강요에 의해 피해자들은 고립된 상태가 된다. 이때 예전의 친구들과의 관계를 다시 회복하는 것은 매우 중요하다. 그들에게 이때까지 있었던 일에 대해 사정을 설명하고, 필요하다면 사과를 해도 좋다.

피해자들 역시 자기애적 결함을 갖고 있는 사람들이 많아서 타인에게 도움을 요청하는 것을 어려워할 수 있다. 게다가 피해자들은 다른 사람을 기쁘게 만드는 일에 큰 의미를 둔다. 또한 자신의 욕망을 표현하기보다는 타인의 욕망 속에 들어가기를 좋아한다. 타인이 자신으로 인해 불편해지는 것을 싫어해 타인에게 도움 요청도 잘 못한다. 그러나 도움을 요청하는 법을 배우는 것은 인생을 살아가는 데 매우 중요한 기술이다. 피해자에게는 본인의 욕구를 표현하고 자기 자신을 위해 존재하는 법을 배우는 좋은 기회가 될 것이다.

마갈리는 말한다.

"프랑크는 제가 예전의 삶에서 분리되어야 하고, 그러는 것이 당연하다고 말하곤 했었어요. 일단 저는 전남편과 공통으로 알았던 모든 친구들과의 관계를 완전 끊어야 했지요. 그는 그 이외의 제 친구들도 좋아하지 않았어요. 그러나 자신은 본인의 친구들과는 관계를 계속 유지했죠. 우리가 헤어지고 난 뒤에도 그는 우리가 같이 알던 친구들과 계속 교류하기를 원했고, 저는 그를 피하기 위해 그들과 연락을 끊을 수밖에 없었어요. (……) 제가 로라에게 다시 연락했을 때 로라는 프랑크와 제가 완전히 헤어졌다는 사실에 대해 안도하더라구요. 그 이후 로라와 저는 이전과 같이 좋은 친구가 되었지요."

도착자가 '집착'의 기술을 쓸 때에는 거리를 두는 것이 매우 중요하다. 예를 들면 좋은 사람들 곁으로 잠시 피해 있거나, 온갖 감언

이설로 마음을 돌리려는 그의 전화를 받지 않거나, 전화기를 꺼두는 것도 방법이다. 그로 인해 당했던 고통을 절대 잊지 말아야 한다. 그가 새로운 사람이 되었을지도 모른다는 기대는 버려야 한다. 뒷장에서 살펴보겠지만, 악성 자기애자는 정신질환자이다. 그는 다르게 행동할 수 없는 사람이다. 그에게 해줄 수 있는 가장 큰 선물(?)은 그를 떠나는 것이다.

그가 완전히 도착자로 인격이 구조화된 것이 아니라면 아마 자신의 행동과 그 상황에 대해 자문해볼 기회가 있을 것이다. 그러나 우울해질 틈도 없이 곧바로 그는 다른 타깃을 찾을 테고, 이전의 관계는 별것 아니었다고 치부하며 금세 잊어버릴 것이다. 이것이 바로 악성 자기애자의 행동패턴이다.

자크는 말한다. "피에레트는 질투가 아주 많았어요. 배우자에게 충실한 것이 얼마나 중요한지에 대해 강조하곤 했지요. 그리고는 그 반대로, 그녀가 저를 두고 바람을 피우는 것이 당연하다고 말했어요."

자크와 피에레트가 완전히 헤어진 이후 며칠이 지나지 않아 피에레트는 유부남과 만나기 시작하였다. 그 사실까지 전 남자친구인 자크에게 알려주며 그녀는 이렇게 말했다. "그는 혹여 바람피울까봐 내가 굳이 걱정 안 해도 되는 사람이야. 나 역시 그에게 정절을 약속할 필요도 없고 말야."

과감히 미워하기

도착자의 희생양들 중 다수는 사랑을 갈구하며 그 사랑 속에서 자기상을 찾으려 한다. 그런데 문제는 자신의 마음속이 아니라 다른 이의 시선 속에서 찾으려하는 것에 있다. 도착자는 희생양들을 우울증과 폭력상태로 이끈다. 우울증은 역설과 비하가 낳은 분노가 자기 자신을 향한 것이고, 늘 착하고 바른 이미지가 되기만을 바라는 희생양들은 "보기에 안 좋다" 혹은 "그런 말을 하면 내 이미지가 나빠진다"는 이유로 자신이 싫어하는 것을 과감히 표현하지 못한다. 따라서 도착자처럼 사실을 사실 그대로 보기를 부정하며, 좋은 감정밖에 투사할 줄 모르게 된 것이다.

같은 회사 이사로 있는 미셸은 직원인 살바도르를 쫓아내고 싶어 안달이다. 그가 제 발로 회사를 나가도록 만들기 위해 온갖 수를 다 쓴다. 어느 금요일 저녁, 그는 살바도르를 불러 화를 내며 소리친다. "일을 왜 이따위로 해놓은 거야? 모든 게 엉망진창이야!" 살바도르는 그렇다면 참고할 만한 자료를 달라고 말했다. 미셸은 "자네가 더 잘 알 텐데. 난 지금 자네와 한가하게 이런 얘기를 할 시간이 없네. 난 지금 퇴근해야 돼. 일이 어떻게 엉망으로 진행되는지 한번 보라고."

주말 동안 살바도르는 몹시 우울한 기분으로 보내야 했다. 그는 최근에 일어났던 일련의 일들을 떠올려보았다. 매주 월요일마다 그는 미셸이 자신을 불러 업무를 지시하거나 면담하기를 기다렸다.

악성 자기애자에 대항하기

긍정의 팁

모든 것을 훌훌 털고 떠나고 싶지만 도저히 그럴 수 없는 무기력함을 느낄 때가 있다. 복잡하고 힘든 상황에 처해 있기 때문이다. 그럴 때면 가족이나 마음을 터놓을 수 있는 친한 친구 곁으로 가서 잠시 숨고르기를 하는 것도 방법이다. 만일 사귀고 있는 연인이 이것에 반대한다면 그 상대는 문제가 있는 것이라 볼 수 있다. 거리를 두라. 그리고 객관적인 입장에 있는 제3자와 이야기하라. 속사정을 털어놓는 진실한 대화를 하라. 그러면서 피해자는 조금씩 자신을 옥죄고 있던 의존과 종속상태에서 벗어날 수 있다.

그러나 단 한 번도 상사는 그를 부르지 않았다. 살바도르는 나와 상담할 때 이렇게 말했다.

"그가 금요일 저녁이나 휴가 시작 전날부터 제게 고민의 씨앗을 뿌리는 것을 알게 되었어요. 씨앗을 뿌린 후, 고민을 경작하는 것은 제몫이죠. 저는 제 자신의 형리였던 것입니다. 너무 마음고생을 해서 독한 병을 얻고 말았어요."

살바도르는 자신의 이상 속 자아처럼 착한 자기상에 자신을 맞추고 싶어 했다. 그러나 미셸의 근거 없는 역설적 금언명령을 듣고 살바도르는 자신에 대한 좋은 상을 가질 수 없었다. 냉정을 찾고서 살바도르는 미셸을 한 단계 위에서 관찰하기 시작했다. 예전에는 미셸이 한 번 금언명령의 씨를 뿌리면, 살바도르는 최근에 일어났던 사건들에 대해 끊임없이 곱씹고 또 곱씹으며 그가 뿌린 금언명령에 대해 이해하려 애썼다. 미셸에게 자신의 화를 분출하는 것은 생각도 해보지 않았다. 살바도르는 이런 식으로 스스로를 병들게 했다.

도착자들의 피해자들은 살바도르와 같이 분노를 자기 자신에게로 돌린다. 타인과 자기 자신의 이미지를 보호하기 위해 자기 자신의 형리(刑吏)가 된 것이다. 가까운 이와 결별하거나 퇴사한 지 몇 해가 지났음에도 여전히 우울한 상태에 있는 피해자들을 드물지 않게 볼 수 있다. 분노는 애도의 과정 중 일부이다. 희생자들은 누군가를 미워하는 것을 스스로 용인하지 않기에 건강한 애도과정을 거치지 못한다.

그렇기 때문에 피해자가 죄책감을 느끼지 않도록 주위에서 도와주는 것이 필요하다. 당신이 과거에 만났던 상대는 미워할 만한 사람이었다고, 그러니 그 사람을 싫어하는 것은 당연한 일이라고 이해시켜야 한다. 그렇게 부정적인 감정을 인정하고 표현하며 털어낼 수 있도록 독려해야 한다.

제3자를 지정하라

이자벨은 내게 묻는다.

"제가 정신 분석치료를 시작한 이후부터 저는 제 주위사람들과의 관계가 달라졌음을 느껴요. 전 남자친구와 헤어진 것을 보고 사람들이 안심하게 된 것일까요?"

자신에 대한 분석치료를 하게 되면 다른 이들과의 관계가 달라진다. 감정을 바깥으로 분출하며 치료하는 것은 자신의 결점을 스스로 받아들일 수 있도록 도와준다. 우리가 진정 바라는 것은 과거 트라우마의 반복이나, 무슨 수를 써서라도 타인을 만족시키려는 욕망이 아니다. 바로 자신의 가치를 되찾는 것이라는 점을 깨닫는 것이다.

우리 주변에는 우리의 약점을 이용하고, 이용하기 위한 목적으로 우리와 친하게 지내려는 사람들이 있다. 상대의 약점을 발견하면 그들은 안심한다. 심지어 부모, 친구, 배우자조차도 환자의 정신 치료를 극렬히 거부하는 경우를 어렵지 않게 볼 수 있다. 그들은 가까운 이를 잃어버리거나, 치료자의 영향력에 의해 좌지우지 될까봐 두려워한다. 그러나 중요한 것은 자신이다. 우리의 병증으로 타인들을 안심시키기 위해 우리가 존재하는가?

심리 분석치료의 목표 중 하나는 그러한 이들과 거리를 둘 수 있는 능력을 갖는 것이다. 인간은 관계 속에서 변하고 또한 그에 맞춰 적응해간다. 새로운 사람들을 만나면 마음의 형태가 달라진다. 우리의 마음이 변하면 세상도 변한다.

또 다시 피에레트가 헤어지자고 요구하였다. 자크 또한 휴가를 떠나 자기 마음을 조용히 정리할 생각을 했던 참이라 그는 그녀의 요구에 동의했다. 그러자 피에레트는 자크의 가족, 친지, 친구들 그리고 그의 극단의 감독에게까지 전화를 걸기 시작했다. 자신은 자크에게 버림받았고, 그로 인해 얼마나 큰 고통 속에 있는지에 대해 울면서 토로했다. 그 얘기를 들은 자크의 지인들은 피에레트를 버리고 그녀에게 큰 고통을 준 것에 대해 자크를 비난했다.

반면 자크는 지금까지 그녀와의 사이에 문제가 있더라도 그녀의 이미지를 생각해서 아무에게도 그녀에 대한 이야기를 하지 않았다. 그러나 역설적으로 지금까지 그가 겪은 상황에 대한 해명을 역으로 해야만 하는 상황에 처했다. 그의 지인들 중 일부는 자크의 말을 아예 믿으려 하지도 않았다. "말도 안 돼! 피에레트는 정말 착한 여자처럼 보이던데……" 쟈크는 이런 혼돈의 상황 속에 개입해서 자기 이익을 챙기려는 친구들 몇몇과는 결별해야 했다.

피에레트는 자크의 주변인들과 접촉하며 자신의 이미지를 좋은 쪽으로 탈바꿈했다. 그렇게 해서 자크가 자신을 만나기 전의 상태로 돌아가는 것을 막고자 한 것이다. 피에레트는 자크의 지인들을 혼란과 충격에 빠뜨리고 제3자를 이용해 그를 공격하고자 했다. 피에레트는 이번에는 아버지로 대변되는 극단의 감독을 이용하려 했다. 그녀는 선수를 쳐서 그녀 스스로 제3자를 정하고 그들을 유혹하고 조종하려 들었다. 다행히도 이러한 상황을 사람들이 알아챘고, 극단 감독은 피에레트에게 더 이상 극단에 드나들지 말라고 단호히 경고했다. 그리고 자크에게는 극단을 옮겨보는 것이 어떻겠느냐고 조언했다.

자신이 처한 혼돈의 상황에서 벗어나기 위해 마갈리는 정신 분석치료를 시작했다. 남편인 프랑크는 그 사실을 알아내고는 자신의 신원을 숨긴 채 그녀의 상담치료사에게 전화해 진료예약을 잡았다.

악성 자기애자에 대항하기

프랑크는 숱한 예를 들며 자신이 악성 자기애자의 희생양임을 토로했다. 상담이 거의 끝날 때 즈음해서야 그는 자신의 아내가 당신에게 상담치료를 받고 있는 마갈리라는 사실을 털어놓았다. 그러자 치료사는 그에게 단호히 일렀다.

"그 사실을 진즉에 알았더라면 프랑크 당신의 상담예약은 받지 않았을 텐데요. 더 상담을 받고 싶으시다면 다른 치료사를 찾아보시라고 말씀드리고 싶군요."

악성 자기애자의 행동을 보면 법 위에 군림한다는 것을 알 수 있다. 정신분석학에서 아이는 자신의 어머니, 아버지, 이모, 삼촌, 교육자, 혹은 다른 모든 사람들이 자신에게 부과한 규율과 규칙을 어머니와 자신의 이분법을 깨는, 즉 '아버지의 존재'로 인식한다고 본다. 도착자들은 아버지의 말을 무효로 만들려고 부단히 노력한다.

폴-클로드 라카미에는 자연적 생성에 대해서도 말한다. 그의 환상 안에서 도착자는 자연히 만들어지는 것이다. 그들은 아버지의 존재를 자신의 목적을 달성하기 위해서 쓰지 않는 한 견딜 수 없어 한다. 그들은 법을 대변하는 사람의 존재를 참을 수 없어 한다. 아버지의 존재는 그들의 사고와 행동 메커니즘을 노출시키고 변민의 상황에 직면하게 만들기 때문이다.

장 피에르가 자신이 경영하는 묘목원에 에스텔을 고용했을 때 그녀에게 고정급과 판매에 비례하는 성과급을 제안했다. 하지만 에스텔은 성과급을 받지 못했다. 그녀는 당연히 받아야 하는 보수를 요구하기 위해 고용계약서를 들고 그의 사무실을 찾아갔다. 장 피에르는 에스텔의 손에서 계약서를 빼앗아 성과급에 대한 내용이 적힌 부분을 펜으로 죽죽 그어버렸다. 에스텔이 아무리 항변해봤자 소용이 없었다. 장 피에르는 듣지 않았다. 결국 에스텔은 "이 계약서는 사본이에요. 원본은 노조에다 제출했다구요."

그러자 장 피에르는 비웃으며 갑작스레 그녀에게 강제로 입을 맞추었다. 그리고는 계약서를 바닥에 팽개친 후 마구 짓밟았다. 에스텔은 장 피에르의 그러한 행동에 큰 충격을 받았다. 그는 타인의 시선이 없을 때 자신이 전능하다고 느낀다. 장 피에르가 유일하게 행동을 바꿀 때는 에스텔이 법을 대변하는 제3의 존재를 언급할 때뿐이다.

악성 자기애자는 전능함을 느끼고 싶어 한다. 다시 말해 자신의 아버지나 어머니보다 더욱 강한 존재가 되고 싶어 하는 것이다. 굳이 오이디푸스 콤플렉스에 대해 언급하지 않더라도 도착자는 삼각관계를 견디지 못한다. 다시 말해 어머니-아이의 관계에 침투해 들어오려는 제3자의 존재, 둘의 관계에 새로운 룰을 적용하려는 제3의 존재를 못 견뎌한다. 그들은 자신의 행동을 판단할 수 있는 타인이나, 자신의 이미지에 흠집을 낼 수 있는 타인의 시선이 없는 곳에서만 행동한다.

앞에서 보았듯 도착자는 거세되고 불완전한 존재이다. 그들은 외면적 모습을 통해서만, 그리고 매우 취약한 허상 속에서만 자신의 능력을 끌어내곤 한다. 그러므로 일관성 있고 논리적인 판단을 내

악성 자기애자에 대항하기

리기 위해 충분히 거리를 둘 수 있는 사람에게는 맞서지 못한다. 법을 대변하는 제3자를 지정하면서 에스텔은 아버지의 관념을 장 피에르에게 불러일으킨다. 이것을 도착자는 못 견디는 것이다. 장 피에르가 보이는 행동양식이 마치 아이 같다는 점을 눈여겨 볼 필요가 있겠다.

악성 자기애자를 가까운 곳에 두고 있는 사람들이라면 복잡한 상황에 직면하기 쉽다. 아이 문제가 걸려 있다면 악성 자기애자인 배우자와 어떻게 거리를 둘 수 있을까? 어떻게 하면 연결고리를 끊을 수 있을까? 이렇게 복잡한 상황이라면 법과 판사, 변호사의 힘을 빌려야 한다. 고소를 하거나 혹은 법을 아는 제3자를 대리인으로 지정하는 등 모든 방법을 다 동원해야 한다.

장 피에르는 제3자라는 존재를 무척이나 힘겨워한다. 피에레트와 프랑크는 자신을 유리한 입장에 놓기 위해 제3자(남자친구가 일하는 극단의 동료, 아내의 친구들)를 유혹하려 했다. 그러나 이럴 경우 제3자는 법을 이용하여 상황을 더욱 객관적이고 합리적으로 만들 수 있다.

도착자에 맞서 싸우기

폴-클로드 라카미에는 도착자에 대해 이렇게 말한다.

"그를 죽이려 해보세요. 그는 코웃음을 칠 거예요. 그에게 모욕을 줘보세요. 모욕을 당하기를 오히려 바라고 있을 겁니다."

도착자인 악성 자기애자 앞에서 이성을 잃고 화를 낸다면 그가 만들어낸 시나리오에 말려드는 것이다. "이제야 너의 본 모습을 드러내는구나. 네가 나쁜 인간인 줄은 알았지만 이 정도일 줄은 몰랐다"라고 말하며 도착자는 당신의 공격을 당신을 향해 부메랑처럼 되돌릴 것이다.

당신이 그를 상처 입히고 모욕하거나, 그의 나쁜 점을 지적하며 그가 가진 자기애의 결함을 노출시킨다면 바로 당신 자신이 부메랑을 맞는 것처럼 해를 입게 된다고 폴-클로드 라카미에는 말한다. 다시 말해 당신의 분노가 당신 자신에게 돌아오거나 자기 파괴의 결과로 이어진다는 것이다.

악성 자기애자는 심각한 자기애의 결함이 있다. 그렇기에 자기상을 필사적으로 보호하려 한다. 그들은 '전능함'이라는 외적 모습 뒤에 극도로 유약한 내면을 숨기고 있는 사람들이라 하겠다. 그러므로 그들을 모욕하고 잘못을 비난하는 것이 능사가 아니다. 가장 이상적인 해결책은 그들과 완전히 인연을 끊는 것이다. 이것이 바로 당신 자신에게 해줄 수 있는 가장 큰 선물이다. 삶을 살아가며 자기 사신을 보호하는 것보나 더 우선하는 일은 없다.

또한 그들과 완전히 절연하는 것은 도착자에게도 좋은 선물이다. 그럴 경우 새로운 희생양을 찾아 나서거나 혹은 자신에 대해 성찰해볼 것이기 때문이다. 또한 우리 내면에 잠재해 있는 도착적 측면에 대해서도 한번 생각해볼 수 있다. 자기애를 파괴하는 식의 공격을 너무 많이 당하게 되면 자신의 분노를 타인에게로 쏟아내고, 타인에게 자신의 잘못과 책임을 전가하려는 경향이 생기게 된다.

그러나 잊지 말자. 도착자는 부서질 듯 유약한 내면을 가진 한 인간일 뿐이라는 사실을.

돌의 향연

17세기 프랑스 극작가 몰리에르의 희곡 〈돌의 향연〉을 보면, 주인공 돈주앙이 자신의 아버지를 죽이는 장면이 있다. 연극의 초반에 그는 자신의 실제 아버지에게 반항하고 아버지가 한 말을 무시하며 금지된 곳에 간다. 나아가 신과 결혼하기 위해 수녀원의 수녀가 된 도나 엘비르와 결혼한 후 그녀를 버린다. 수녀인 도나 엘비르가 신을 버리고 자신과 결혼을 했으니 돈주앙은 자신을 신과 동일시한다.

그리고 나서 그는 법을 대변하는 기사의 석상(몰리에르의 희곡 〈돈주앙〉의 마지막 장면에 나오는 기사의 석상(石像). 이는 죄를 벌하는 운명의 사자(使者)로서 복수의 이미지를 나타냄_역자 주)과 조우하게 된다. 그리고는 그에게 석상의 영혼이 쓰이게 된다. 기사의 석상은 돈주앙을 지옥으로 데려가기 위해 그를 잡으러 온다.

프로이트는 "신경증은 억압의 고통에서 기인한다"고 말한다. 폴-클로드 라카미에는 이에 덧붙인다. "정신증은 부정의 고통에서 기인한다. 만일 부정이 완벽하다면 그것은 도착이다." 계속 부정하는 것이 불가능했기 때문에 결국 돈주앙은 불안에 사로잡혀 지옥에서 파멸한다.

　돈주앙의 예는 도착자의 심리적 취약성을 잘 보여준다. 도착자는 잠재적 정신증의 행동을 통해 스스로를 보호하려 한다는 것을 잊지 말자. 도착자에 대항해 이기면 도착자는 지옥의 고통을 느끼고 심한 경우 자살에 이른다. 이는 우리의 책임감, 가치관, 또한 우리 자신의 도착적 측면에 대해 다시금 자문하게 한다.

유아기 불안으로의 끊임없는 회귀

프로이트는 "이해되지 않는 문제는 늘 그 자리로 회귀하게 된다. 고통을 겪고 있는 영혼에게는 그 고통이 해결되고 그 고통에서 완전히 벗어나지 않는 한 휴식이란 없다"[2]라고 말한다.

　여러 심급들이 우리의 정신세계에서 충돌한다. 충동심급의 경우, 기쁨의 원리가 항구성 및 항상성[3]의 원리와 충돌하며 충동을 바깥으로 분출하고자 한다. 금지심급의 경우는 도덕적 가치, 교육자(초자아)의 이상화된 가치관이 욕망과 초자아의 금지, 외부의 현실로

2　Freud S., 1909. 다섯 살 꼬마 한스의 공포증(1909. Analyse d'une phobie d'un petit garçon de cinq ans : le petit Hans), in Cinq leçons sur la psychanalyse, Payot, 2001

3　항상성이란 우리의 신체나 정신이 자연적으로 균형으로 가려는 원리를 말한다. 예를 들면, 만일 너무 짜게 먹었다면 신체는 마치 '물 1리터당 소금 몇 퍼센트'처럼 전해질의 균형을 찾기 위해 자연히 물을 들이키게 된다. 일정 수준 이상의 긴장을 견디지 못하는 우리의 정신도 이와 마찬가지다.

구성되는 자아와 충돌한다.

이러한 상반된 욕망들은 많은 에너지를 소진하는 내적 갈등을 유발한다. 이러한 충동을 비워내기 위해 우리는 말하지 말아야 하는 것을 입 밖에 내뱉는 실언을 하기도 하고, 하지 않는 게 좋을 법한 행동들을 나도 모르게 한다거나, 감히 현실에서는 생각지도 못할 행동들을 꿈속에서 행하기도 한다. 반복적 강박은 현실 속에서 유아기 때 경험했던 상황과 이상하게도 닮아 있는 괴로운 상황으로 이끌어간다. 이런 행위들이 나타나는 것은 그 문제를 해결하고 그에 수반하는 고통에서 벗어나려는 무의식중의 희망 때문이다.

자크의 여러 이야기를 들어보자.

"피에레트는 어렸을 때 자신의 어머니가 여러 명의 애인과 바람을 피우는 것을 알고 있었지요. 며칠씩 집에 들어오지 않은 적도 있었대요. 아버지가 그로 인해 고통 받는 것을 보았고, 자신은 버림받았다고 느꼈을 거예요. 저 역시 어렸을 때 방과 후 저를 데리러 오지 않는 부모님을 하염없이 기다린 적이 있어요. 부모님이 깜박 잊으셨던 거예요."

"피에레트와 제가 사이가 좋았을 때도 피에레트는 한 번씩 미치곤 했었어요. 제가 자신을 버릴 것이라고 확신하고 있는 듯했어요. 바로 그 시점에서부터 저를 위협하기 시작한 거 같아요. 그녀가 그토록 상태가 안 좋아보일 때면 저는 그녀를 뒤에서 꼭 끌어안으며 안심시켜 주었죠. 그 순간 저는 너무나 행복했었죠. 마치 아기를 대하는 엄마처럼 그녀를 보듬어 주었어요. 그러나 그 잠깐의 행복에 대한 대가를 혹독하게 치러야 한다는 사실을 알게 된 건 시간이 꽤나 지나서였어요."

자크와 피에레트는 둘 다 분리불안을 갖고 있다. 하지만 자크는 피에레트에게 좋은 어머니의 역할을 해주었고, 피에레트는 자크에게 나쁜 어머니의 역할을 했다. 각자 갖고 있는 유년기 때의 불안을 각자의 방식으로 해결하고 있었던 것이다. 피에레트가 보이는 도착적 기제는 그녀가 태어난 지 얼마 안 되었을 때부터 겪은 나쁜 양육의 결과이다.

세 남매 중 막내로 태어난 제라드는 집안의 유일한 남자다. 제라드의 아버지는 오래전 집을 나갔다. 어머니와 누나들 사이에서 제라드는 숨이 막힐 것 같았다. 그에게 넘치는 사랑을 쏟으며 그녀들은 제라드의 삶을 좌지우지하려 했다. 제라드는 클레어라는 여자친구를 사귀게 된 후 그녀와 함께 살기 위해 집을 떠났다.

클레어는 그녀의 어머니와 언니, 이렇게 세 식구와 함께 살고 있었다. 제라드는 클레어의 집으로 옮겨서 살게 되었지만 벌어지는 상황은 이전과 똑같았다. 전과 같이, 자신을 너무도 사랑하는 세 명의 여자에 둘러싸였고, 친누나들처럼 그녀들 역시 제라드의 삶을 흔들려고 작정한 듯했다.

1년이 지난 후, 그는 두 명의 딸이 있는 스무 살 연상의 오데뜨를 만나 그녀와 함께 살게 되었다. 그렇게 제라드는 또 다시 세 여자의 시중을 드는 상황에 처하고 만 것이다.

특정 상황을 피하려고 떠났음에도 다른 환경에서도 특정 상황들이 또다시 반복될 수 있다는 점을 알 필요가 있다. 가령 매 맞는 아내가 수년 동안의 투쟁 끝에 남편으로부터 벗어난 이후 몇 년이 지나 또다시 폭력적인 남자를 만나게 되는 경우를 심심찮게 볼 수 있다. 유년기의 문제가 해결되지 않는 한, 유년기의 불안에서 벗어나지 않는 한, 심리 도식이 명확히 그려지지 않는 한 불안을 야기하는 상황이 영원히 되풀이될 수 있다.

악성 자기애자 연인과의 고통스럽고 지리멸렬한 관계가 청산될 즈음에, 피해자에게 당신의 유년기 때 트라우마를 살펴보자고 제안하는 것은 그다지 바람직하지 않다. 피해자는 관계를 정리하는 과정 안에서 이미 만신창이가 되어 있을 것이기 때문이다. 고통 받았던 피해자가 충분히 에너지를 충전하고 자신감을 다시 회복한 후에서야 분석상담 및 치료를 생각할 수 있겠다. 이러한 상황에 다시 직면하지 않기 위한 목적으로 말이다.

우선 스스로를 보살피고 예전의 모습을 완전히 되찾은 이후, 마음속 깊은 곳에 감춰져 있는 유년기의 불안에 대해 생각해보자.

타인의 시선 속에서 자신의 이미지를 구하지 마라

역설적이게도 아이에게는 '좋은 부모와 헤어지는 것'이 '나쁜 부모와 헤어지는 것'보다 더 쉽다. 어른이 되어서는 좋은 이미지를 갖고 있는 누군가의 죽음을 받아들이는 것이 더 쉽다.

공원에 처음 놀러간 아이를 생각해보자. 처음에 아이는 감히 대상과 결별하지를 못한다. 몇 발자국 떨어졌다가도 바로 다시 돌아온다. 그런 과정을 거친 뒤 아이는 좀 더 멀리 떨어진다. 그러나 어머니가 있는지 확인하기 위해 계속 고개를 돌려 어머니의 모습을 확인한다. 몇 번 고개를 돌린 후 충분히 안심하고 난 후에야 아이는 어머니의 존재를 비로소 잊고 놀이에 집중할 수 있다. 결국 아이는 어머니가 충분히 신뢰할 만한 사람이라는 걸 알고 안심하며 어머니의 존재를 자신의 내부에 동화하는 것이다.

아이들, 혹은 체면 유지에 신경을 많이 쓰는 어른들은 자신을 안좋은 이미지로 생각하고 있는 이와 결별하기가 매우 힘들다. "다른 사람들이 착각한 거예요. 그가 저를 잘 몰라서 그런 걸 거예요. 제가 더 나은 사람이 되면 그가 나를 좋아해줄 거예요"라고 악성 자기애자의 희생자들이 말하는 것을 흔치 않게 들을 수 있다.

사실상 도착자를 떠나기 위해서, 특히 그를 더 이상 만나지 않기 위해서는 무슨 수를 써서라도 관심을 완전히 본인 자신에게로 돌려야만 한다. 내 자신을 충분히 잘 알기 위해서, 이미지를 넘어선 자신의 본질과 조우하기 위하여, 또한 당신에게 고통을 주었던 그나 그녀를 잊기 위하여 그렇게 해야만 한다. 우리는 단점과 장점을 모두 가지며, 부족한 점과 강점을 모두 가진 존재라는 사실을 받아들여야 한다. 그래야만 타인의 눈 속에 비친 우리의 이미지를 찾아 헤매지 않을 수 있다.

악성 자기애자에 대항하기

우리 자신을 깊이 이해함으로써 "너는 결점 있는 인간이야!"라고 몰아붙이는 상대방에게 "그래, 네 말이 맞아" 혹은 "아니, 네가 틀렸어" 등의 대답으로 침착하게 대응할 수 있게 될 것이다.

욕망하는 법 배우기

왜 어떤 이들은 다른 이의 욕망 안에서만 사는 것일까? 왜 이들은 스스로 혹은 자신을 위해 욕망하지 못하는 것일까? 바네사의 남자 친구 가브리엘 역시 바네사의 욕망만을 실현시켜주려 노력했을 뿐 자기 자신의 욕망을 표출한 적이 단 한 번도 없다.

오직 타인의 욕망을 위해서 사는 이들은 자신의 욕망을 부정한다. 이러한 현상의 기원은 분명 오이디푸스 콤플렉스 및 근친상간과 같은 금지된 욕망과 연관이 있을 것이다. 뒤이어 9장에서 살펴보겠지만 폴-클로드 라카미에는 말한다. 부모와의 관계에 대한 문제라 볼 수 있는 근친상간은 금지된 것에 대한 환상이다. 욕망하지 못하는 사람들은 환상 자체를 스스로 막는다. 환상이 없기에 욕망 또한 가질 수 없다.

악성 자기애자들은 희생자들의 욕망뿐 아니라 주체성 또한 완전히 무시해버린다. 문제는 피해자 자신 역시 자신의 욕망 전체를 모두 부정하게 되는 위험이다. 피해자는 상대방의 욕망 속에만 존재하는 것이 아니라 그의 말과 그의 판단 속에서도 존재한다. 상대가 당신이 좋은 사람이라고 말하면 좋은 사람이 된 것 같고, 상대가 당신이 나쁜 사람이라고 말하면 나쁜 사람이 된 것 같은 느낌을 받는다.

대부분의 경우 도착자들과 마찬가지로 피해자들 역시 자신에 대한 이미지와 정체성을 갖추는 것에 늘 목말라한다. 스스로에 대해 잘 모르기에 스스로 자기의 욕망을 만드는 것이 불가능하다. 극단적인 경우 정신분열증 환자들의 인격은[4] 자신의 내면자아와 외부자아로 분열된다. 이들 환자들은 타인의 말과 행동, 욕망의 노예이기 때문이다.

아이를 교육할 때에도 예를 들면 "이 음식을 먹고 엄마를 기쁘게 해줘" 혹은 "숙제를 다 해서 엄마를 기쁘게 해줘"와 같은 말은 피해야 한다. 부모를 기쁘게 하기 위해, 그리고 부모의 욕망을 충족시키기 위해 어떻게 해달라고 요구하는 것은 잘못된 일이다.

피에르의 부모님은 이혼하셨고, 현재 피에르는 어머니와 함께 살고 있다. 피에르가 고등학교 2학년으로 올라갈 때 어머니는 피에르의 좋지 않은 학업성적을 이유로 유급할 것을 제안했다. 또한 학교 교감선생님은 피에르에게 실업계 전문대학으로 진학할 것을 권유했다. 그러나 피에르는 실업계 전문대학을 자동차 정비공이 되는 길로 여기고 있었다. 고민에 빠진 피에르는 아버지에게 조언을 구했다. 아버지는 본인은 피에르를 믿고 있으며, 원하는 대로 삶을 살라고 말했다. 그러자 피에르는 아버지와 함께 살고 싶고, 대학 진학

---

4 부록 '경계선 인격장애' 참고

도 꼭 하고 싶다고 말했다.

뜻대로 행한 피에르는 대학수학능력시험에서 다행히 좋은 성적을 거둬 일류대학에 진학하게 되었다. 피에르는 스스로에 대해 자신을 가져도 된다는 사실을 인정하였다. 그의 아버지는 아들에게 오직 스스로를 위해 자신의 삶을 살 것을, 그리고 오로지 자신이 주도권을 갖고 살 것을 조언해주었다. 여기서 바로 일종의 권한의 이동 및 이양이 이루어지게 되었다. 자신의 이미지에 대해 충분히 안도한 후 자신이 욕망하는 대로 움직여도 좋다고 판단한 것이다. 피에르는 자신의 삶에 대한 주도권을 자신이 쥘 수 있게 되었다.

말의 이해를 거부하기

우리의 정신세계는 우리에게 일어나는 일들을 이해하려고 노력한다. 미지의 상태로 남아 있는 것보다 더 두려운 일은 없다. 어둠속에서 불현듯 들려오는 소리, 그 소리가 점차 자신에게로 다가오는 것 같을 때 느껴지는 공포는, 범인이 다름 아닌 지나가는 생쥐였다는 사실을 불을 켜고서야 알게 되기 전까지 점점 더 고조된다. 그렇기에 우리에게 닥치는 일에 의미를 부여하고자 하는 것은 당연한 일이다.

그러나 악성 자기애자는 의미를 알 수 없는 말이나 행동을 툭툭 던짐으로써 우리에게 혼돈을 일으킨다. 이러한 혼돈은 상대가 그의 말에 의미를 계속 부여하는 한 지속될 것이다. 의미가 없는 곳에 의미를 부여하려 할 때 우리는 점차 착란과 혼란 상태로 빠져든다. 타인이 우리에게 말하는 것을 아예 무시하는 것이 혼돈에서 벗어나기 위한 첫걸음이라 말할 수 있다.

인간의 행동연구에 대한 이 책에서 독자에게 '타인을 이해하기를 거부하라'고 말하는 것은 다소 파격적일 수 있다. 주지화와 합리화는 생각을 통해 갈등을 고립시키는 방어기제이다. 악성 자기애자와의 관계에서는 이 방어기제를 사용함으로써 병리적인 갈등을 고립시킬 수 있고, 일시적으로 문제가 있는 상대로부터 거리를 둘 수 있다.

나탈리는 그녀가 처한 상황에서 벗어나기 위해 이 두 가지 기제를 사용한다. 우선 그녀는 문제를 해결하기 위해 그녀만의 방대한 연구를 진행했다. '악성 자기애자에 관한 연구'를 통해 그의 문제를 주지화하고 자신을 괴롭히는 파트너의 논리에서 벗어나는 것이다.

두 번째는 생성(creation)이다. 상대방이 했던 이해할 수 없는 말들을 종이 위에 써보고 의미를 부여하는 것이다. 이 방법으로 그의 분노와 몰이해를 승화하고, 그의 공격에 대한 탄성력을 키울 수 있다.

승화와 탄성

승화는 바람직한 방어기제이다. 충동을 사회적으로 가치 있는 목표에 맞춰서 이동시키는 것이 승화다. 공격성이나 성적 욕망은 운동,

예술, 도덕적 목표로 변화될 수 있다. 어떤 심리분석학자들이나 심리학자들은 이를 이상적인 기제로 생각한다. 어떤 연구자들은 충동이 사회와 가장 적합하게 조화되도록 만드는 기제인 승화를 자기 자신에 대한 연구의 궁극적 목표로 삼기까지 한다.

그러나 만일 우리가 승화를 갈등해소를 위한 방어기제로 여긴다면 승화는 무의식의 영역으로만 남아 있게 될 것이다. 앞서 살펴본 노동운동가 환자와 그가 실언한 사례를 보면, 그는 심리분석 치료 후에도 노동운동을 계속한다. 그러나 그의 무의식적 목표는 사라졌다. 그는 더 이상 그의 부모(부모로 대변되는 회사 간부)에 대항해서 싸우지 않는다. 이제 그는 진정한 사회적 대의를 위해 싸운다. 자신의 무의식을 마주하면 할수록 방어기제를 덜 사용하게 되고 더 큰 자유를 얻는다는 것을 알게 된 것이다.

통제할 수 없는 무의식의 힘에 짓눌리지 않고, 대신 마음을 더욱 건강하게 만들어주는 실제적 동기에 의해 이끌리는 것이 바른 길이다.

미술을 전공하는 자비에는 학교에서 돌아와 아버지부터 찾았다. 자신이 제출한 숙제가 100점 만점에서 80점이라는 좋은 성적을 받았다고 말씀드렸다. 그러나 아들에 대한 기대와 요구가 많은 아버지로부터 '좋은 성적' 정도로는 충분치 않다는 대답이 돌아왔다. 그래서 자비에는 숙제를 다시 제출하여 90점이라는 더 나은 점수를 아버지께 안겨드렸다. 아버지는 여전히 불만족해 하며 아들에게 더 노력하라고 주문했다. 자비에가 95점을 받아왔을 때 왜 100점이 안

되느냐고 아버지는 반문했다.

자비에는 아버지의 인정을 받고 싶어 한다. 동시에 자신이 받지 못한 점수에 대한 미련을 갖게 될 것이다. 그래서 그의 모든 에너지를 공부하는 데 다 쏟게 되었다. 아버지에게 교수 자격시험에 붙었다는 소식을 알려드린다 한들, 그의 아버지는 아마도 "그거 아무나 붙여주는 거 아니니?"라고 물을 것이다. 아들이 더 발전하기를 원한다는 미명하에 자비에의 아버지는 그를 인정하지 않고 자비에를 자꾸 실패자로 규정해버린다.

아버지는 자비에가 그의 충동을 공부로 승화시켜 그가 더 나은 성적을 거둘 수 있도록 만들 수도 있다. 그러나 결국 교수 자격시험에 붙게 되어도 그는 오히려 아주 오랜 시간 동안 우울증을 겪게 될 것이다. 아버지를 기쁘게 해드리려고 사력을 다해 무엇인가를 이루어냈지만 여전히 아버지는 그를 인정하지 않을 것이기 때문이다. 오랜 시간 동안의 정신 분석치료를 끝낸 후에야 자비에는 아버지의 인정에 대한 자신의 집착을 떨쳐낼 수 있었다. 그리고 마음의 안정을 찾고 마음의 탄성력도 회복할 수 있었다.

그 이후 그는 더 이상 우울증 약을 복용하지 않는다. 그는 젊은 예술가들과 연계한 전시회를 열고 예술가들 및 대중들의 인정을 얻었다. 심리분석과 욕망의 근원을 인식한 덕분에 자비에는 자신의 충동을 승화를 거쳐 진정한 탄성으로 전환할 수 있게 되었다.

탄성력, 마음의 근육

물리에서 말하는 탄성력이란 어떤 물질에 외부적인 압력을 가하여 찌그러뜨린 후에 원래의 모습으로 복원되는 능력을 가리킨다. 만일 고무공을 찌그러뜨린다면 당신이 그 고무공을 놓는 순간 다시 원상태로 복원될 것이다.

심리적 탄성력은 심리 내외부적 압력을 견딜 수 있는 능력을 말한다. 물리적, 심리적으로 구조가 파괴된 경우라 해도 다시 이전의 구조를 갖추어 일어설 수 있는 능력을 말한다. 탄성의 개념은 보리스 시럴닉(Boris Cyrulnik)이 그의 저서 《똑똑하고 조그마한 오리들》과 《멋진 불행》[5]이라는 그의 저서에서 심도 있게 다루고 있다.

산악등반 사고 이후 르네는 한쪽 다리 중 일부를 잃었다. 재활치료를 받고 기력을 차린 후 르네는 젊은 장애인들을 위한 운동 교육가가 되었다. 르네는 훌륭한 운동 소질을 가졌지만 이제는 자신이 가진 장애의 한계를 넘어선 살아 있는 표본이 되었다. 젊은이들의 눈에 르네는 그야말로 의지의 표본이었다. 르네는 자신의 새로운 역할에 대해 만족했다. 그는 자신이 겪은 사고는 일종의 '기회'가 되었고 자신의 '삶의 터닝포인트'가 되었다고 고백한다.

앞서 말한 보리스 시럴닉의 저서에서, 그는 승화가 아닌 탄성을 가능하게 하는 중요 메커니즘을 '의식'으로 보았다. 보리스 시럴닉

---

5 Cyrulnik B., 멋진 불행(Un merveilleux malheur), Edition Odile Jacob, 1999
   똑똑하고 조그마한 오리들(Les vilains petits canards), Editions Odile Jacob, 2001

은 탄성을 가능케 하는 요인에는 내적 자원의 획득, 사람들과의 만남, 말과 행동을 실제로 일치시킬 수 있는 가능성, 일어난 일에 의미를 부여하는 능력, 자기애, 유머감각 등이 있다고 말한다.

우리의 내적 자원과 창조적 능력의 대부분은 유년기 때 길러진다. 뒷장에서 살펴보겠지만 영국 정신분석학자 도날드 위니컷은 놀이를 환상과 현실 사이의 과도기적 영역으로 보았다. 그리하여 아동발달에 있어 그 상호작용에 대해 광범위하게 연구했다.

9장

도착의 근원

모든 악성 자기애자들이 어린 시절 아동학대를 당했다고 말할 수 있을까?

아동학대를 어떻게 정의하느냐에 따라 다르다. 아동학대를 정의하기 위해서는 양육자의 의도를 먼저 알아야 한다. 그러나 어떨 때는 나쁜 양육방식이 일견 친절한 양육처럼 보일 수도 있다. 연구결과를 보자면 이렇다. 동유럽의 고아원에서 좋은 양육도 나쁜 양육도 없는 무관심 속에 길러진 아이들은 어떠한 욕구도 요구도 없는 심각한 심리적 결핍상태를 보여주었다. 과도한 욕구충족 속에서 자라난 아이들에게도 동일한 결핍이 발견된다. 배가 고프기도 전에 아이에게 음식을 먹인다면, 다시 말해 아이가 욕망하기도 전에 무엇인가를 얻게 된다면 그는 욕망도 좌절도 모르는 사람이 될 것이다.

그러나 우리가 앞서 보았듯이 욕망과 그 욕망을 포기하는 능력은 개인이 발전시켜야 하는 몫이다. 어떠한 규율과 한계가 설정되어 있느냐에 따라서도 개인차가 있다. 그렇기에 욕망의 한계를 모르는 아이들, 혹은 한계의 범위가 너무 좁거나 역설적 한계를 가진 아이들은 좋은 인격을 형성하기가 힘들다.

니콜라의 아버지는 예술가다. 그는 어느 날 자신의 예술세계를 실현하기 위해 아내와 네 자녀를 버리고 집을 나가버렸다. 니콜라는 자라면서 딱히 결핍감을 느꼈던 것도, 폭력을 당한 것도 아닌데 늘 그의 삶에는 알 수 없는 불안감이 자욱하게 존재했다. 결혼 후 아내를 공격하고 무시하는 일도 자주 일어났다. 어렸을 때 그는 많은 사랑을 받았지만 그 누구도 그에게 행동의 한계를 설정해주지 않았다고 말했다. 예를 들면 아동 청소년기에 집에 늦게 들어오거나 식사시간 때에 오지 않아도 가족 중 그 누구도 니콜라의 행동에 제재를 가하지 않았다.

많은 사람들은 갈등을 두려워한다. 그러나 갈등은 어떤 경우엔 유용하고 건설적으로 활용할 수도 있다. 부모님에게 오늘밤 외출해서 몇 시에 들어올지 모르겠다고 말하는 청소년의 예를 들어보자. 만일 그의 부모가 그를 나무란다면 아이는 씩씩거리며 자기 방에 올라가 문을 쾅 하고 닫아 잠가버릴 것이다. 그러나 여기서 알아야 할 점이 있다. 아이가 분노를 보인다 해도 마음속으로는 자신에게 주어지는 한계가 있다는 점에 대해 안심할 것이라는 점이다.

도착자들은 공격성이든 성적 충동이든 어떠한 충동이 나타날 때 그것을 바로 실행에 옮기는 반면, 신경증 환자들은 스스로 그것을 막거나 억압하거나 혹은 그 충동을 다른 것으로 전환한다. 도착자들은 신경증 환자와는 달리 한계라는 것을 모른다. 니콜라는 충동을 느낄 때 그 어떤 것도 자신의 행동을 막을 수 없다는 것을 알기에, 그리고 자신의 의사와는 관계없이 행동으로 옮길 수 있다는 사실을 알기에 공포감을 느낀다. 그의 부모님은 니콜라를 양육할 때 그의 행동에 통제나 제재를 가하지 않았다. 그의 폭력성은 자신을 통제할 수 없다는 것에 대한 공포이자 자기 자신에 대한 거부라고 볼 수 있다.

부모가 정해놓은 규칙을 벗어난 행동을 아이가 보일 때 부모는 아이의 엉덩이를 때린다. 혹은 아이가 식사시간이 아닌 때에 밥을 먹으려 하면 부모는 식사시간까지 기다리라고 말한다. 이처럼 일정 수준의 통제와 억압은 아이의 인격이 올바르게 형성되는 데 도움을 준다.

많은 도착자들은 자라나며 심각한 학대를 경험한다. 그들 중 다수는 부모가 아이들의 요구를 끝도 없이 들어준 경우이다. 이들은 한계나 좌절을 경험하지 못해 유년기의 인격형성이 제대로 이루어지지 못한 것이다.

어떤 정신분석학자들은 아이의 성장과정을 주의 깊게 살펴보며 좋은 발달과 나쁜 발달의 원인을 찾고자 했다. 도날드 위니컷은 어머니-아이가 처음 맺는 관계에서 심리 변화(발달)의 기원을 찾는다

(도널드 위니컷을 비롯한 대상관계학파는 당시 주류를 이루던 지그문트 프로이트 또는 자크 라캉의 정신분석과 달리, 오이디푸스 콤플렉스를 아이의 발달을 결정하는 중요 요인으로 보지 않았다. 이들은 어머니와 아이의 쌍방관계, 특히 어머니와 아이의 육체적 접촉의 중요성을 강조하였다. 그리하여 이들이 말하는 가장 중요한 이행대상은 어머니의 유방을 의미한다. 아이는 유방을 상징화하고 또 가지고 놀면서 자아와 대상 간의 경계를 세워 현실을 분할해가고 점차 진짜 대상관계로 나아간다는 것이다. 이처럼 자아가 아닌 것을 분리하는 과정, 특히 주체와 대상 사이에 누구와의 경쟁도 없고 상상 속에 존재하는 중간지대에서 일종의 놀이로 수행되는 과정은 아이의 발달에 극히 중요한 역할을 한다고 보았다_역자 주).

우선 어머니의 시선과 손길에서, 그 이후는 이행 대상(transitional object)과 공간에서(어린이가 어머니와의 구순적 관계에서 사물로의 관계로 이행할 때 선택하는 엄지손가락, 이불 끝, 봉제인형 따위의 물건_역자 주) 심리발달의 기원을 찾으려 한다.

폴-클로드 라카미에는 부모와 아이 사이의 근친상간적 관계가 아이의 올바른 정신발달을 막고, 오이디푸스 콤플렉스를 극복하는 데 방해가 된다고 말했다. 게다가 지시 대상과 결별하지 못하게 만드는 근원이라고도 하였다.

놀이와 현실

도날드 위니컷은 《놀이와 현실》[1]이라는 그의 저서에서 아동 발달을 이해할 수 있는 도구를 우리에게 제시한다. 현실 속에서 아동이 자기의 개성을 지닌 채 존재하고 생각할 수 있는 능력을 제시하는 것이다.

대상관계에서 주체로 감정을 변화시키기 위해서 아이는 도날드 위니컷이 '과도기적 대상과 공간'이라 이름 붙인 것을 사용하게 된다. 아기가 엄마를 불렀는데 엄마가 오지 않는다면 아이는 그의 부재를 견디기 위해 스스로 엄마를 대체할 대상을 찾아야 한다. 그것은 엄지손가락일 수도 있고 인공 젖꼭지 혹은 그 외의 대체물이 될 수도 있다. 이것이 바로 아이가 세상과의 상호작용에서 객체화를 이루게끔 도와주는 의미와 상징의 놀이를 하는 것이다.

융합과 분리가 일어나는 공간에서 아동은 자신의 창조성이 드러나는 경험을 할 것이다. 창조성은 아동이 주체성을 갖고 공동체 안에 들어가도록 만든다. 도날드 위니컷은 이를 '중간적 공간'[2]이라고 부르는데, 아이가 자아와 비자아 사이에서 겪는 경험들을 말한다. 이는 놀이와 자신과 맺는 관계들을 통해 아이가 비로소 독립성을 얻을 수 있다는 사실을 보여준다.

---

1 Winnicott D.W., 놀이와 현실(Jeu et réalité), Folio Essais, Gallimard, 2002
2 Winnicott D.W., 과도기적 대상과 과도기적 현상(Objets transitionnels et phénomènes transitionnels) in De la pédiatrie et à la psychanalyse, Payot, 1989

앞서 살펴보았듯 근본적으로 영아는 스스로 분리가 불가능하다. 그러나 영아는 스스로가 자신의 모든 욕구를 충족시킬 수 있다고 느낀다. 그는 자신이 전능하다는 환상에 빠져 있는데, 이 전능함의 경험 속에서 대상은 발견되는 동시에 창조된다. 아기는 환상(만들어진 대상)과 현실(발견된 대상)을 구별하지 못하고, 자아와 비자아를 구별하지 못한다. 아이가 대상을 객관적으로 인지하게 되면 그 대상을 파괴하려 할 것이다. 대상에 대한 자신의 영향력을 잃지 않으면서 대상으로부터 분리되려는 충동을 느낄 것이다. 아이는 환상에서 벗어나지 않기 위해 전능함을 확인하려 한다.

놀이는 아이가 가지는 대상 통제력에 대한 환상을 없애주고 자유의 감정을 느끼게끔 해준다. 건강하게 발달하는 아이는 대상(인형 등)을 파괴하려 시도한 후에, 그 대상과 함께 놀기 위해 전능함에 대한 믿음을 포기하고 차츰 현실을 구축해나가기 시작한다. 어린 시절에 두려움에서 충분히 벗어나지 못한 악성 자기애자는 영유아기 때의 정신발달 상태에 머물러 있다. 자신의 현실을 자각하고 재창조하길 원하며, 자기 주변 사람들을 파괴하면서까지 끊임없이 자신의 전능함을 확인하려 한다.

악성 자기애자들은 어머니로부터 거리를 두지 못한 채 융합에 대한 욕망과 거리두기 사이의 덫에 걸려 자신의 이미지를 찾지 못한다. 그리고 유혹을 통해 자신의 전능함을 확인한 후 상대방의 이미지를 파괴하면서 그로부터 분리되려 한다.

어머니의 여러 가지 얼굴

어머니는 아기의 욕구를 충족시켜주려 노력한다. 이것이 바로 도 날드 위니컷이 말하는 육아 초기의 '모성 몰두'다. 만일 육아환경이 충분히 좋다면 아이는 전능함을 경험한 후 자아와 비자아의 분리과 정을 시작하기 위한 성숙의 과정을 충분히 거칠 것이다. 도날드 위 니컷에 따르면, 자신의 역할을 확실히 하기 위해 안아주기(holding), 만져주기(handling), 대상 제시(object representing) 이 세 가지의 환경 이 갖추어져야 한다.

● 안아주기(holding)는 아이의 심리적 지지대를 말한다. 다시 말해 그의 자아를 지지해주는 것이다. 아이는 어머니의 따스한 눈길과 어머니가 자신의 요구를 얼마나 잘 들어주느냐를 통해서, 그러고 나서 주위사람들과 맺어나가는 관계에서 이 심리적 지지대를 발견 하게 된다.

● 신체 다루기(handling) : 어머니가 아이에게 충분히 안정적인 스 킨십을 주면 아이는 자신의 신체를 인지하게 된다.

● 대상 제시(object representing) : 아이가 대상을 경험하여 현실을 점진적으로 인지할 수 있도록 만드는 것을 말한다.

피에레트는 말한다. "알코올중독이었던 어머니는 아기였던 제가 우는 걸 못 견뎌했다고 언니는 말했어요. 제가 누워 있던 아기침대를 발로 차고 욕을 한 후 제게 줄 장난감을 사러갔다고 해요. 지금도 어머니는 어느 날 저녁엔 저에게 욕을 하고, 그 다음날에는 밖에 나가서 기분전환을 하라며 제 손에 돈을 쥐어주고 가곤 해요."

피에레트의 어머니는 본인이 정신적으로 혼란한 상황이므로 아이에게 안정감을 주지 못했을 것이다. 어른이 된 피에레트는 자기 어머니와 동일한 행동양식을 반복했다. 자신이 사랑하는 대상에게 사랑과 증오를 번갈아가며 던지고 있는 것이다.

도날드 위니컷은 아이가 태어난 후 어느 시점까지 아이는 존재하지 않는다고 말한다. 스스로 본인 존재의 느낌을 갖지 못한다는 말이다. 아기는 어머니의 얼굴을 보며 자신의 모습을 보려고 한다. 어머니가 아기를 한 명의 인격으로 대할 때 아기는 자신의 존재와 비로소 조우할 수 있다. 그것은 어머니가 아기를 자신과 동일시하며 자신의 일부로 보는 것이 아닌 엄연히 존재하는 한 개체로 볼 때에만 가능하다. 어머니가 모성적 자아를 강화할 때 아이는 자아가 내면화될 것이고 비자아는 외부로 나오게 될 것이다. 그럼으로써 아이는 점진적으로 어머니와, 다시 말해 외부세계와 구분 및 분리된다.

올리비아와 프랑소와즈는 같은 사무실에서 일한다. 올리비아는 어렸을 때 어머니가 돌아가셨다. 그때부터 그녀는 동생을 돌보고 아버지를 도와야 했다. 프랑소와즈는 유년기 때 어머니에게 학대를

도착의 근원

당했다. 그럼에도 프랑소와즈는 어머니와 늘 가까운 사이였다. 어머니가 중병을 앓아 병원에 입원을 했을 때 그녀는 심각한 근심 걱정에 빠져들었다. 어느 날 저녁, 올리비아는 프랑소와즈를 안아주며 그녀를 위로해주었다.

그 다음날 올리비아는 프랑소와즈보다 일찍 사무실에 도착했다. 올리비아는 전화를 써야 할 일이 있어 프랑소와즈 책상의 전화기를 집어 들었다. 프랑소와즈가 사무실에 도착했을 때 그녀는 올리비아가 자신의 전화를 쓰고 있는 장면을 목격하고는 갑자기 달려와 올리비아의 목덜미를 잡아 목을 조르려 했다. 마침 시끄러운 몸싸움 소리를 듣고 동료들이 달려와 그 둘을 떼어놓았다. 그 일 이후 올리비아는 병원 신세를 져야 했고 몇 달 동안 목에 깁스를 하고 다녔다.

올리비아는 그동안 프랑소와즈를 위로하고 용기를 주었다. 프랑소와즈도 올리비아를 안아주는 순간에는 좋은 어머니가 되어 있다. 하지만 올리비아는 프랑소와즈가 분열(좋은 어머니/ 나쁜 어머니)을 일으키고 폭력성과 분노를 자신에게로 투사해낼지 상상도 하지 못했다. 사실 프랑소와즈는 그렇게 일시적으로나마 자신의 증오를 다른 대상에게 투사해내야만 자기 어머니를 계속 사랑하는 게 가능했기 때문이다.

도착자의 어머니는 아이에게 안정감을 주지 못하며, 아이의 자아-비자아가 분리될 수 있도록 돕지 못한다. 그들은 아이를 자신의 일부로 생각하거나 아니면 남근으로 사용한다. 그 말은, 자신의 증후를 지니고 있는 존재, 자신에게 불행을 초래한 존재로 여긴다는 얘기다. 아이는 어머니를 계속 사랑하기 위해 어머니의 나쁜 모습을 부정해야 했고 어머니의 환상적 이미지를 자신 속에 내면화해야 했다. 다시 말해 아이는 실제가 아닌 착란적 이미지의 모성만을 내면화한 것이다. 그러므로 아이는 계속 환상을 좇으며 어머니의 나쁜 모습들은 모두 타인에게 투사하며 부정한다. 투사된 대상은 그러므로 '나쁜 대상'이 되는 것이다.

도착자는 대상을 분열시키고(좋은 어머니/나쁜 어머니), 희생자에게 나쁜 대상을 대규모로 투사한다. 희생자는 그 대가를 톡톡히 치루는 반면, 도착자는 자기 내면의 대상들에 대해서는 일종의 내적인 평화를 얻게 된다.

환상

에스텔은 상사의 행동을 도저히 못 참겠다는 생각이 들 때마다 명품 옷가게에 가서 자신이 공주처럼 옷을 입은 모습을 상상했다. 프랑크는 어느 날 자신의 차 앞유리에 붙은 딱지를 발견한 후 화가 난 채로 집에 들어갔다. 그때 딸이 숙제를 해놓지 않았단 사실을 알고 아이의 뺨을 세차게 때렸다.

에스텔은 공주처럼 옷을 입음으로써 환상 속에서 권력을 되찾기를 꿈꾸었고, 프랑크는 공권력에 대한 자신의 분노와 충동을 없애기 위해 공격성을 행동으로 옮긴 것이다.

프로이트는 신경증 환자들을 치료하며 환상이라는 심리학적 개념을 발견하게 되었다. 그는 무의식적 환상이 정신활동의 뼈대가된다고 말한다. 아이의 발달은 환상 속의 활동을 통해 구성된다. 신경증의 초기 이론에서 프로이트는 근친상간이 그 원인이라고 생각했다. 그리고 그는 수면 위로 올라오는 무의식적 환상이 중요하며, 환상이란 억압된 욕망의 현실화라고 이해했다. 그래서 그의 환자들은 프로이트 앞에서 거짓말을 하지 않고 맘껏 환상을 드러냈다. 프로이트는 그 후 오이디푸스 이론을 처음 주장했는데, 바로 이 오이디푸스 콤플렉스를 모든 신경증 환자들이 겪게 되는 핵폭탄 같은 내적갈등의 근원으로 보았다.

환상 속에서 개인은 판타지를 일으키는 사람이므로 무의식적 자아의 주체다. 하지만 금지된 욕망 속에서 환상은 욕망과 금기 사이에 위치한다. 환상의 본질은 근친상간이기에 아주 비밀스럽게 존재한다. 프로이트는 환상을 일종의 시나리오로 여겨, 그 환상의 대본을 수정하여 현실 속에서 병증의 치료에 적용할 수 있다고 믿었다.

앞서 다루었듯이 정신세계는 쾌락의 원칙(무의식), 현실의 원칙(의식)에 의해 지배된다. 그 중간에서 환상은 보호지역을 계속 유지하면서, 현실에서 겪을 편견에 대한 두려움 없이 맘껏 쾌락의 원칙(무의식)을 따를 수 있다. 환상은 금지된 욕망을 약화시키는 역할을 한다. 도착자에게 환상은 약하다. 그는 좌절을 견디지도, 욕구를 참을 수도 없기에 자신의 욕구를 바로 행동으로 옮긴다.

오이디푸스와 반오이디푸스 신화

악성 자기애자는 오이디푸스 콤플렉스를 겪은 사람도 아니고 극복한 사람도 아니다. 그저 한 개인으로서 인격구조가 형성될 수도 없고 자신의 행동을 규제하도록 설정된 한계선도 없다.

폴-클로드 라카미에는 도착자가 오이디푸스에 접근하지 못하게 막는 것을 '반(전)오이디푸스'로 이름 붙였다. 도날드 위니컷이 도착의 기원을 어머니-아이의 초기관계로 이해한 반면, 폴-클로드 라카미에는 근친상간의 프레임과 오이디푸스 콤플렉스에 의한 결과에서 그 기원을 찾기를 제안한다.

근친상간과 반(전)오이디푸스[3]의 개념에 대해 다루기 전에 두 가지 포인트를 정확히 이해할 필요가 있다.

첫째, 개인의 히스토리에서 오이디푸스 환상은 구조화된다. 아이는 자신의 욕망과 공격성을 부모에게 투사한다. 정신분석학에서 말하는 거세불안에 대한 공포는 태어났을 때부터 자리 잡고 있다. 건강한 발달과정을 거치는 아이는 그것으로 인해 계속 근심하는 일이 없도록 자신의 욕망을 포기할 줄 안다. 대신 그 욕망의 에너지를 학습이나 창조, 혹은 정신적 가치에 투자한다.

둘째, 오이디푸스 콤플렉스는 어떠한 경우에도 가족이 연관된 콤플렉스가 아니다. 아이라는 한 개인의 산물이다.

---

3 Racamier P.-C., 근친상간(L'Inceste et l'incestuel), Editions du collège de psychanalyse, 1995/ 반오이디푸스와 그 운명(Antoedipe et ses destins), Editions Apsygée, 1989

콜레트는 외동딸이다. 콜레트의 부모님은 두 명 다 어린시절 방임받은 기억을 갖고 있다. 콜레트의 어머니는 이민자 가정출신으로, 가족들이 프랑스에 정착했을 때 뿌리를 잃어버린 상태였다. 아버지는 국가보조 생활자로서 지금까지 고되고 거친 세상을 살아왔다.

태어나서부터 13세가 될 때까지 콜레트는 부모님의 침실에서 함께 생활해야 했다. 아이가 부모에게 품는 사랑의 감정과, 부모가 성관계를 가지는 모습을 본 아이가 느낄 분노감을 누구라도 이해할 수 있을 것이다. 아마도 자신이 속았고 우롱 당했다는 느낌과 동시에, 한편 은밀히 부모의 관계에 자신도 들어가고 싶다는 생각을 하게 될 것이다.

콜레트는 15세 때 자신의 집에서 첫 성경험을 가졌다. 그녀는 말한다. "저는 제가 늘 성적인 존재로 느껴져요. 섹스는 제 무기에요."

우리가 앞서 다루었듯이, 프로이트는 환자의 말에 유심히 귀 기울인다. 그들의 말 속에서 아이의 성적 유혹이라고 생각되는 것을 찾아낸다. 그런 다음 프로이트는 아이들의 욕망으로부터 만들어지는 환상이 중요하다고 이해했다. 그는 오이디푸스적 환상을 가정하고 정신분석학을 만들어낸다.

50년이 지난 후 폴-클로드 라카미에는 반오이디푸스를 창조해낸다. '반(전)오이디푸스(Antoedipe)'는 Ante(이전前)와 Anti(반反)의 접두어로부터 시작한다. 반오이디푸스는 오이디푸스 콤플렉스 이전에 위치한다. 그리고 만일 반오이디푸스가 너무 강하다면 오이디푸스가 수면 위로 떠오르는 것을 막는다. 반오이디푸스는 그들 부모들로부터 해결되지 않은 오이디푸스이다. 근친상간의 위치가 부모에서 아이로 이어지는 것이다. 부모 자신이 그들의 부모(아이로 보았을 때는 조부모_역자 주)와 해결되지 않은 오이디푸스가, 그들의 아이와 또다시 오이디푸스적 관계로 이어지는 것이다.

오이디푸스 콤플렉스가 오이디푸스를 마음속에 남긴 후 억압하는 환상이라면, 근친상간은 현실과 맞닿아 있으며 환상이 커지고 발전해나가는 것을 막는다. 사실상 우리는 이루어질 수 없는 것만을 환상으로 꿈꾼다. 예를 들면 부모의 침대에서 잠을 자는 아이는 이미 현실 속에서 이루어진 사실이므로 결코 부모 침대에 눕는 환상을 갖지 않을 것이다.

근친상간은 비밀스런 금기의 행동이다. 폴-클로드 라카미에는 "비밀은 말하지 않은 것, 말하지 않아야 하는 것, 알아서도 안 되는 것, 생각해서도 안 되는 것"이라고 말한다.

아내 마갈리를 괴롭히던 프랑크는 형제 중 첫째로 태어났다. 그의 말에 따르면, 그의 아버지는 집에서 기둥서방 같은 존재였다고 한다. 가게 점원이었던 아버지는 집에 머무른 적이 별로 없었다. 아버지의 부재시 어머니는 프랑크를 가장으로 정했다. 그러다 아버지가 돌아오시면 프랑크는 가장의 자리를 내어놓고 사라져야 했다.

어른이 되어 프랑크는 병적인 질투에 시달리는 사람이 되었다. 그는 늘 자신이 속았으며 계략에 빠져 소외되거나 자리를 뺏긴 것이 분명하다고 믿었다. 새로운 연인을 만나게 되면 프랑크는 끊임없이 자신의 친구들을 의심하고 감시했다. 그리고 그 불안이 너무나 커져 감당할 수 없을 정도가 되면 다른 여자와 바람을 핀 후 집을 나가버렸다. 프랑크는 현재 세 번째 결혼생활을 하고 있으며 네 명의 아이가 있다.

프랑소와즈의 공격을 받았던 올리비아는 또 어떤가? 올리비아의 어머니가 죽었을 때 아버지는 올리비아에게 남동생 돌보기를 시켰다. 20대 초반이었던 올리비아가 어떤 남자와 함께 회사를 차려 자신은 경리를 담당할 것이라고 말하자, 아버지는 남편도 아닌 남자와 동업을 하는 것은 음전하지 못한 일이니 자신의 회사에 와서 경리를 보라고 말했다. 만약 올리비아가 자기 일을 포기하고 아버지 회사에서 일하게 되면 아마도 그녀는 아버지의 회사 바깥으로는 한 발자국도 떼지 못하는 광장공포증 환자가 되어버릴 것이다.

반(전)오이디푸스는 비환상적인 환상으로서 현실 안에 존재하고 있다. 아이의 상상 안에 존재하는 것이 아니다. 반(전)오이디푸스는 모든 환상을 막으며, 모든 욕망과 그 이후 발달을 막는다. 앞서 보았듯이 프로이트는 오이디푸스 콤플렉스를 모든 신경증 환자들이 가지는 엄청난 내적갈등의 근원이라고 말했다. 연구를 통해서 그는 오이디푸스 콤플렉스를 잘 극복한 사람들은 모두 건강한 발달을 이루었고, 그렇지 못한 사람들은 신경증 환자가 되었으며, 오이디푸스 콤플렉스를 겪지 못한 사람들은 정신증 환자가 되었다고 말한다. 프로이트는 정신분열증을 자기애성 신경증으로 부른다.

폴-클로드 라카미에는 연구를 통해 오이디푸스의 건강한 전개와 극복에 방해가 되는 몇 가지 원인들을 시사하였다(그 중 하나가 근친상간이다). 이 원인들로 인해 자기애성 도착증에서 발견할 수 있는 경계성 인격장애와 같은 제3의 인격 범주를 설명하는 게 가능하다.

프랑크와 올리비아는 부모에 의해 '대리 배우자'의 역할을 떠맡게 되었다. 오이디푸스 환상을 접하고 극복하면서 바르게 인격형성이 되었어야 했는데 그렇게 되지 못한 것이다. 건강하게 세상을 향해 마음의 문을 열기도 전에 그들은 근친상간에 맞닥뜨려야 했다. 그 결과로 프랑크는 악성 자기애자가 되어 그의 배우자들을 지독하게 우롱한 후 끝내 버렸다. 올리비아는 아버지와 남자형제들에게 '환상 속의 어머니' 같은 역할을 맡으며, 또한 근친상간의 위치에 있으면서 심각한 신경증 증세를 보였다.

근친상간의 반복

아이가 근친상간의 관계 속에 있으면 당연히 부모에게 배신감이 들 수밖에 없다. 또한 부모도 각각 서로를 배신하고 있다는 생각도 들게 된다. 이런 관계에 있는 아이는 타인과의 정상적인 관계를 생각할 수 없다. 그렇기에 '아름다운 역할'만을 맡기를 소망하며 끊임없이 동일한 장면을 재연한다. 간단히 말하면 모든 관계가 그를 위험에 밀어 넣는다고 생각하고, 자기 내부에서 견딜 수 없는 불안감이 소용돌이친다.

가령 프랑크는 자신이 언젠가는 사랑하는 이로부터 배신당할 것이라고 늘 생각한다. 그렇기에 그는 배우자에 대한 불신감을 먼저 갖게 되고 상대에게 공격적으로 나간다. 불안감을 이기지 못해 자신이 먼저 와이프를 배신하고 떠나버리는 격이다.

어렸을 때 모니크는 어머니가 바람을 피워 아버지가 고통 받는 모습을 보았다. 어머니가 다른 남자와 함께 있는 것을 보고 모니크는 놀랐지만 그것을 비밀에 부친다. 그렇게 함으로써 자신 역시 어머니와 공범이 되어버린 것이다. 어른이 된 후 모니크는 도착증이 있는 남성들만 만나게 된다. 대부분이 유부남이었는데, 그 이유는 적어도 그들과는 정신적 약속 따위 필요 없었기 때문이었다. 상대 남자들은 모니크에게 "나는 지금 여기 이 순간 너를 사랑한다"라고 속삭였다. 그리곤 모니크와 뜨거운 사랑을 나눈 후 그 남자들은 모두 자신의 가정으로 돌아갔다.

이후 모니크는 회사동료인 알랭을 만난다. 알랭은 착하고 건실한 남자였다. 하지만 그런 알랭을 만난 후 오히려 모니크는 깊은 불안에 사로잡히고 만다. 그녀는 예전의 남자들에게서 나름 '장점'이라고 여긴 점들을 알랭에게서는 딱히 발견하지 못했기 때문이다. 모니크는 근친상간의 가족 분위기 속에서 유년기를 보냈기 때문에 일반적인 연인관계를 생각조차 할 수 없었다. 정상적인 관계는 오히려 그녀를 너무나 큰 위험에 빠뜨릴 것이다. 그녀는 주로 배신을 당하기 전에 자기가 먼저 배신하는 쪽을 선택했다.

자크의 경우에는 너무나 힘든 관계 이후, 자신이 갖고 있는 그 불안에 대해 다시 의문을 제기해보았다. 그리곤 그 불안을 마주하기로 마음먹었다. 그렇지 않고서는 미래의 행복과 안정적인 삶을 누릴 수 없음을 깨달았다.

도착적 부모

콜레트가 자기의 진료를 맡던 의사 빅토르를 유혹했을 때 그녀의 나이는 서른 살이었다. 당시 그녀는 남편과의 사이에 두 아이를 두었고, 부모님 그리고 각방 쓰는 남편과 함께 부모님 집에서 살고 있었다.

초반에 그들의 사랑은 무척이나 뜨거웠다. 그녀는 빅토르에게 쓴 편지에 '당신은 이상적인 남자에요. 모든 말은 몸에 얼룩이 있어요. 그러나 당신은 그 얼룩조차 없어요. 당신은 완벽한 남자에요.'라고 썼다. 그녀는 그에게 이상적인 이미지를 투사하고, 그녀가 부모에 대해 갖는 환상적 이미지를 그에게 덧씌웠다. 이는 자신의 부모를 계속 사랑하기 위해 그의 부모에게 가지는 환상을 빅토르에게 투영한 것이라 할 수 있다. 실제의 빅토르를 만나는 것은 콜레트에게 중요하지 않았다. 실제의 그를 만나게 되면 자신의 이상화된 대상인 '부모 같은 빅토르' 즉 환상 속의 사랑을 잃을 위험이 있기 때문이다. 사실상 그녀는 현실의 빅토르를 만나는 데에는 많은 시간을 들이지 않았다.

도착의 근원

빅토르도 사랑에 빠졌다. 하지만 그에게도 약간의 잘못이 있다. 그는 콜레트와의 관계에서 이상 징후가 있다는 것을 알았지만 그녀에게 계속 집착했다. 콜레트는 빅토르로 하여금 견딜 수 없는 상황을 자주 만들었다. 약속장소에 말도 없이 나타나지 않고, 헤어지겠다고 협박함과 동시에 강력하고도 달콤한 사랑의 메시지를 보내곤 했다. "당신은 나의 운명이에요. 당신과 함께 있으면 행복해…… 난 당신의 아이를 낳고 싶어요."

관계 초반에 빅토르는 콜레트가 자신의 사랑을 시험하고 있는 것으로 생각했다. 그래서 빅토르는 그녀와 거리를 두기는커녕 그녀에 대한 사랑의 증표를 더욱 확실히 보여주었다. 선물공세와 뜨거운 사랑을 약속했다. 그러나 그가 그녀에게 사랑의 표현을 하면 할수록 콜레트는 더욱 빅토르를 시험에 빠뜨렸다. 그럴수록 빅토르는 콜레트가 위험하다는 생각이 들어 그녀에게 더욱 집착하게 되었다. 심지어 그녀는 바람을 피우고 그 사실을 빅토르에게 알리기까지 했다.

그들의 관계를 알게 된 콜레트의 부모님은 자기 딸을 다시 가족에게 묶어놓기 위해 많은 금언령과 이상 행동을 했다. "너의 연애사를 들어보니 너 엉덩이 좀 맞아야겠구나." 어머니는 점쟁이 친구를 찾아가 콜레트와 빅토르의 관계가 몇 개월을 가지 못할 것이라는 예언을 듣고 왔다. 또한 아버지는 "너는 미쳤어. 너 같은 건 아무것도 못해. 네 아들 역시 너처럼 미치게 될 거다"라고 말하며 딸에 대한 증오를 드러냈다.

어느 날 콜레트의 아버지는 비밀여행을 계획하여 모두를 초대했다. 콜레트, 콜레트와 별거 중인 남편, 콜레트의 아이들 등 이들 모두에게 서로가 이 여행에 온다는 사실을 알리지 않은 채 모두를 초대한 것이다.

콜레트의 부모는 혼란을 일으키려고 온갖 수를 다 쓰는 사람들이다. '혼란(confusion)'이라는 용어를 풀어보면 '융합(fusion)의 상태로 함께(con) 존재하는 것'을 말한다. 그러나 가족이란 더 이상 구성원들의 합이 아니고, 각각의 개체가 독립적으로 전체를 구성하고 있을 뿐이다. 분열은 가족의 품에서 행해진다. 각 주인공은 지정된 역할만 할 뿐이다. 콜레트의 아이들도 역시나 광기의 징후를 보이고 있다. 부모도 역시 정신적으로 병리현상을 보인다.

콜레트가 빅토르를 만났을 때 그녀는 이러한 혼란에서 벗어나기 위해 그에게 암묵적으로 훗날 결혼하게 되면 좋은 아버지가 될 것을 요구했다. 하지만 역설적이게도 그녀는 그가 늘 실패하도록 만들었다. 빅토르가 그녀를 도우려고 매번 시도할 때마다 콜레트는 그의 시도를 늘 좌절시키곤 했다. 그녀에게 있어 빅토르와의 결혼은 자신의 실제 부모를 잃는 것이고, 그녀는 아직 그럴 준비가 되어 있지 않았다.[4]

콜레트의 부모는 부모에 대한 증후를 갖고 있는 딸이 점점 멀어지는 것을 느꼈다. 그 말은 그들 자신의 광기를 스스로 마주해야 할

---

[4] 콜레트로서는 어쩌면 친부가 나쁘다고 생각할 수 있을 것이다. 그러므로 자신의 어머니와 그녀의 애인처럼 이상적인 남성은 어쩔 수 없이 가정 바깥에, 혹은 현실 바깥에 있다고 믿을 수도 있다.

위험에 놓였다는 사실을 가리킨다. 그들은 딸과 부모 사이의 거리를 좁혔다가 다시 거리를 두었다가 하는 식의 행위를 반복할 것이다. 그렇게 가까워졌다가 다시 분리되기를 되풀이하면서 어떻게든 딸을 자기들 곁에 묶어 놓으려고 갖은 시도를 다했던 것이다.

피에레트는 원치 않는 아이였다. 그녀의 부모는 뱃속의 아이를 지우고자 했지만 그러기엔 너무 위험했다. 피에레트는 그 사실을 누군가에게 들어 알고 있었다. 어머니는 왜 그런 말을 했을까. 그녀에게 상처를 주려고? 혹은 그녀를 비하하기 위해서?

　어머니는 짜증이 났을 때 아기였던 피에레트가 울기라도 하면 요람 앞을 지나며 발길질을 하곤 했다. 어머니는 아이를 키우기로 결정했다. 본인이 화가 날 때 요람을 걷어찰 용도로서 말이다. 이렇게 아이는 자라간다. 자신의 분노를 표출하며, 그렇게 자신과 같은 증상을 갖게 된 아이가 만들어져 가고 있다. 다시 말해 아이가 그 부모와 동일한 병에 걸리게 되는 것이다. 아이인 피에레트는 먹는 것을 거부하고 비정상적으로 마른 몸이 되었다. 어머니는 그런 피에레트를 '부헨발트 수용소(나치 강제수용소_역자 주) 아이'라고 불렀다. 피에레트는 도착자 부모의 증상을 오롯이 가져갔고, 타인을 대신해서 미쳐가도록 만들어진 대상이 되었다.

　피에레트가 자크를 만나고 난 이후 그에게 말했다. "나는 너를 알아보았지." 그녀는 자크와 함께라면 이 상황에서 벗어날 수 있을 거란 걸 알았다. 그녀가 자크를 자신의 어머니에게 소개시켜 주었을 때 자크는 너무나 친절하고 수줍어했으며 또 예의바르게 행동했다. 어머니는 그를 알아보았다. 하지만 어머니의 대답은 "얼빠진 사내새끼 같으니라고!"였다. 자크에 대한 판결은 그렇게 나게 되었다. 그리고 이 판결이란 그 누구도 뒤집을 수 없는 것이었다.

도착자 부모에게서 나고 길러진 아이의 역설은 그 아이가 그 상태 그대로 '보존되어 있어야' 한다는 점이다. 비하되고, 무기력 속에서 허우적거리는 채로 계속 남아 있어야 한다. 만일 그런 아이가 사라진다면 부모는 무너지고 말 것이다(대상기능 상실, 우울증, 질환, 사고 등).

다른 역설로는, 도착자 부모와 자식 간의 이 병리적 관계는 아이가 처음 애정을 보인 대상인 부모와 갖게 되는 단 하나의 연결고리이다. 이 관계를 끊는 것은 자기 부모와 관계가 끝나버리는 것이고, 혹은 사랑하는 이의 죽음에 맞먹는 고통과 똑같다는 것을 의미한다. 또한 부모는 자신의 증후를 가진 분신을 제3자(가령 자식의 이성친구)로 인해 잃을지도 모른다고 여겨지면 갑자기 선물공세를 펴거나 사랑을 과장되게 표현하면서 그 제3자의 이미지를 더럽히려고 노력할 것이다. 그럴 경우 역설적으로 아이는 부모님의 사랑과 자신의 자리를 확인하며 행복해할 것이다.

자기 아이에게 "너는 내가 원해서 낳은 아이가 아니다"라고 말하는 어머니의 모욕적인 언사를 어떻게 해석할 수 있을까? "나는 너를 원치 않고 너를 떠나버리겠다"고 남자친구에게 말하는 여자의 잔혹한 행동을 달리 어떻게 설명할 수 있을까? 밥을 먹지 않는 아이에게 "부헨발트 수용소 아이"라고 부르는 어머니, 자신의 애인에게 "쓰레기"라고 부르는 여자를 어떻게 이해해야 할까?

도착자의 배우자나 연인은 그런 식으로 '도착자의 증상을 갖게 된 아이'가 되어간다. 상대가 멀어지면 그에게 무릎을 꿇고 그를 사랑한다고 말한다. 연인이 가까워지면 그를 버리고 그를 모욕한다. 피에레트는 연인에게 자신이 어머니를 대하는 태도와 동일한 태도를 취한다. 자신의 애인이 있는 한 어머니를 소유할 수 있고, 자기 또한 미치지 않을 수 있다. 중요한 건 대신 그 애인을 미치게 만든다는 사실이다.

지금까지 앞에서 나온 바네사의 스토리를 읽고 다음의 물음에 답해보자.

Q1. 자기애성 도착증은 사랑하는 이의 죽음을 받아들이지 못하는 것과 관련이 있다. 그렇다면 바네사의 집에서는 누가 이러한 어려움을 보이는가?

Q2. 바네사의 집에서 죽음을 받아들이지 못하는 것과 그의 이미지를 만들어내는 것 사이의 관계는 무엇인가?

Q3. 권력 충동의 형태를 낳는 여러 단계 중 바네사의 경우는 어디에 위치하고 있는가?

Q4. 바네사의 이야기와 바네사가 대응하는 방식 중 어떤 부분에서 역설을 읽을 수 있는가?

바네사가 이성 관계를 처음 시작했을 때 당시 그녀는 누군가를 유혹해야겠다는 열망을 강하게 느끼던 참이었다. 그녀는 자기가 원하는 사랑을 얻고 나면 상대방이 나를 버리지 않을까 하는 분리불안을 느꼈다. 그리고 상대남성이 자신을 싫어하게 될지도 모른다는 두려움도 상당했다. 우선 그녀는 회사 사장, 사업가 등 자신보다 나이가 훨씬 많은 사람만 만났다. 그러고 나서 일정기간이 지나고 나면 그들을 비하하고 버렸다. 사람들은 바네사를 팜므 파탈로 알았다. 성실하고 올바른 남자들은 그녀를 피했고, 대신 여자에 대한 정복욕이 있는 결혼한 남자들만이 바네사에게 접근했다. 그녀가 가브리엘을 만나기 전까지만 해도 이런 생활이 계속되었다.

가브리엘은 바네사보다 나이가 어렸다. 가브리엘은 바네사의 모든 것을 이해한다고 말했다. 그는 다정한 사람이었고 바네사를 존중하며, 바네사와 함께 떠나 새로운 삶을 시작하고자 했다. 멀리 이사를 가 아무도 그들을 모르는 환경에서 둘만의 이야기를 만들어나가고 싶어 했다. 역설적이게도 이렇게 착한 가브리엘의 성품은 바네사를 오히려 더 불안하게 했다. 그녀는 가브리엘을 유혹했다가 비하하는 패턴을 반복했다. 사랑과 진정성을 보여주려는 가브리엘의 모든 시도를 바네사는 무너뜨렸다. 그들이 헤어질 때 가브리엘은 바네사에게 이렇게 편지를 썼다.

'바네사, 너는 남자들이란 하나 같이 나쁜 놈, 쓰레기 같은 존재, 한량이라고 말했었지. 언젠가 네가 사귀었던 어떤 남자에 대해 내게 말한 적이 있어. 그 사람 때문에 너는 결국 전남편과 이혼하고 말았지. 그리고 결국 그 사람은, 세상에 이토록 예쁘고 어린 여자들이 얼마나 많은데 왜 자기가 애 딸린 여자와 사귀어야 하냐며 너를 떠났더랬지. 또 어떤 남자는 자신이 원하는 사랑을 해주지 않는다고 너의 뺨을 때리기도 했어.

너에게는 지금까지 모든 남자들이 나쁜 놈이었을 거야. 그렇지만 꼭 모든 남자들이 그런 건 아니야. 너는 네가 지금까지 해오던 연애 패턴이 비정상이었다는 사실을 인정해야만 해. 네 자신을 보호하려는 너만의 방식이었겠지.

우리 사이가 좋았을 때 너는 나를 공격하지 않았어. 네가 만난 남자들 중 너를 보며 나만큼 아파했던 사람은 없을 거야. 나만큼 너를 사랑한 남자는 없을 거야. 우리가 살아온 과정은 닮아 있고 또한 우린 서로를 보듬어주려 했어. 나는 언제나 너를 돕고자 했지. 너를 기쁘게 해주려고 네가 바라는 것은 모두 해주려고 했던 것 알고 있니? 지난 16년 동안 전남편이 못 갖게 했던 아기를 너와 낳고 싶었고, 네가 15년 동안 못했던 승진을 시켜주고 싶었고, 너에게 다시 꿈을 심어주고 싶었어. 나도 네가 필요했었어. 네게 바랐던 나의 작은 소망은 어떻게든 나의 존재를 인정해달라는 것이었는데…… 그렇게 하면 너의 자아에 의문을 제기해야 했겠지.'

케이스 스터디case study

Q5. 바네사의 이야기에서 근친상간을 발견할 수 있는가? 그것이 무엇을 의미하는가?

Q6. 바네사에게 쓴 가브리엘의 편지를 보면 악성 자기애자의 희생양이 오히려 가해자를 보호하려는 경향을 볼 수 있다. 어느 구절에서 그것을 알 수 있는가?

의사인 빅토르는 이야기한다.

"저는 콜레트와 비슷한 환경에서 태어났어요. 저의 할아버지는
제 아버지를 늘 미쳤다고 몰아세우곤 했죠. 내 아버지는 또다시 우
리를 미치게 만들었어요. 실제 제 조카는 정신분열증을 앓고 있어
요. 미치지 않기 위해서 저는 (아직 갈 길이 멀긴 하지만) 지혜의 길을
찾아보았고 저를 도와줄 수 있는 관계를 만들었어요. 또한 다른 누
군가를 미치도록 만들기보다는 다른 이를 지혜롭게 만드는 길을 선
택했습니다. 저는 바로 이 길을 그녀와 함께 가고 싶었죠."

빅토르와 콜레트는 부모에게 받았던 학대의 기억으로 자존감이
둘 다 약한 사람이다. 그들의 정신적 메커니즘은 서로 닮아 있기도

하고 서로 반대이기도 하다. 빅토르와 콜레트는 사진의 음화와 양화 같았다. 같은 모습을 보여주었지만 또한 정반대이기도 했다. 프로이트는 '신경증은 도착증의 음화'라고 말했다. 신경증 환자와 도착증 환자는 동일한 욕망을 가지고 있지만, 도착증 환자가 자신의 욕망을 바로 실행에 옮기는 것과 반대로 신경증 환자는 자신의 충동을 억압한다.

콜레트와 빅토르의 경우 두 사람은 분열, 부정, 투사, 권력을 잡는 등의 기제를 취한다. 그들은 언뜻 반대되는 성격을 갖고 있는 것으로 보이지만 자세히 보면 동일한 메커니즘을 다시 취한다. 어떤 경우에는 나르시시스트형 변태에 대해서 이야기하고, 다른 경우에는 이타주의에 대한 이야기를 한다. 콜레트는 상대에게 자신의 나쁜 부분을 투사하지만, 빅토르는 상대에게 좋은 부분을 투사한다. 콜레트는 자신의 분노를 투사하고, 빅토르는 자신의 사랑을 투사한다. 그러나 두 사람은 각각 자신의 이미지를 유지하고 자기의 파워를 확인하려고 한다는 점에서 공통적이다.

누군가를 도울 때는 거리가 필요하다

이타주의는 자기방어 기제 중 하나이다. 주체가 갈등을 피하기 위해 타인에게 헌신하는 것이다. 반응적 학습에 의해, 자세히 말하면 '충동에 반대되는 의미로서의 반응적 학습'에 의해 성격의 일부로 형성될 수도 있다. 증오의 충동은 사랑, 이기심, 이타주의로 나타나기도 한다. 아이가 동생이 태어나면 동생을 미워하는 것이 아니라 사랑하는 모습을 보여주기도 한다. 이는 그러는 편이 어머니에게 사랑을 받는 방법이란 걸 알기 때문이다.

게다가 이 챕터의 제목인 '연민의 힘'은 도발적인 느낌이다. 진정한 동정은 권력에의 욕구와 함께 양립할 수 없다. 상담 치료사들은 이것을 잘 안다. 모든 정신분석학자의 임무는 자신에 대한 분석으로부터 시작한다. 그런 다음 환자를 분석할 때는 동기와 그만이 가지고 있는 권력에의 충동에 대한 분석을 중시한다.

분석가는 조롱과 친절 사이에 있다고 말한다. 누군가에게 나를 조롱하면서 동시에 친절하게 대해달라고 요구하는 것은 역설적인 금언령이다. 왜냐하면 우리는 분석 속에 버려져 있는 상황이기 때문이다. 우리가 혹여 비웃음을 당할지도 모르는 부정적인 부분까지 탐구를 기꺼이 받아들여야 한다. 우리의 무의식을 수면 위로 올리는 유일한 방법은 타인에게 그러해야 하듯 분석 중에 스스로에게도 친절해야 한다는 것이다.

이해하기 위해 용서해야 하는가? 마음의 근육을 키우는 데 있어 용서가 천상의 길이긴 하지만, 용서가 너무 깊숙이 파고들게 되면 그것은 부정이 된다. 이해하고 용서하려 하기 전에 내 자신의 마음 근육의 탄성도를 자연스레 따르는 것이 중요하다. 다른 이의 고통을 느끼는 것은 내 자신을 그에게 천착하게 만드는 것이다. 그를 이해하려고 그에게 다가가면 정작 내 자신이 다시 지옥 속에 빠진다.

상대방과 일정한 거리를 둘 때만 그를 진정 도울 수 있다.

상대와의 거리가 없어지면 우리가 위험에 빠진다. 심리치료사들은 그 사실을 꼭 숙지하고 있다. 어려움에 빠진 사람을 도울 때는 그와의 사이에 거리와 중립성이 필요하다. 이는 바로 악성 자기애자의 희생양들이 제대로 숙지하지 못하는 점이다. 그렇기에 결국 가해자에게 손과 발이 묶이게 된다. 적당한 거리를 지킬 때에만 피해자를 도울 수 있다. 앞서 예시에서 들었듯이 바로 적당한 거리 유지가 부족했기 때문에 올리비아와 자크는 프랑소와즈와 피에레트와 똑같은 고통을 겪게 된 것이다.

최근 내게 어떤 사람이 말하길, 자기 주변에 최근 헤어지기 일보 직전인 커플이 있다고 한다. 그는 그 커플 두 사람이 믿고 속마음을 털어놓는 대상이었다. 하지만 그 커플이 다시 사이가 좋아졌을 때 그들은 이 사람과 연을 끊고 싶어 했다. 아마도 그를 자기 커플의 증상을 줄여주는 대상으로 여겼을 가능성이 크다.

세대를 이어 내려오는 증상의 주제로 다시 돌아와, 나는 여러분들께 다시 한 번 에너지의 이동 흐름을 따라가기를 제안하려 한다. 도착이 대물림되는 고리를 끊기 위해서는 자신의 내면에 대해 깊이 연구해보는 것이 필요하다.

클레망스의 할머니는 1945년 17살 때 미군에게 강간을 당했다. 그 일로 할머니는 클레망스의 엄마를 갖게 되었다. 할머니는 어머니를 지우려고 온갖 방법을 동원했지만 새 생명은 태어나고야 말았다.

연민의 힘

클레망스의 할머니는 딸을 미워했으며 심지어 오늘날까지 두 사람은 서로 대화하지 않는다. 할머니는 자신의 딸을 부를 때 "창녀"라고 불렀다.

클레망스의 어머니 역시 어린나이에 임신을 했다. 불법 낙태를 시도했지만 클레망스는 결국 태어났다. 클레망스는 유년기 내내 어머니로부터 신체적 정신적 학대를 당했다. 클레망스는 내게 상담을 받으러 와서 여러 이야기를 토로했다. 그녀는 어머니의 집에서 잠을 자면 야간소음에 극도로 예민해지고 불면증을 겪는다고 했으며, 죽음에 대한 공포와 참을 수 없는 자신의 폭력성 때문에 괴롭다고 토로했다. 며칠 전 클레망스의 딸이 실수로 물건을 떨어뜨렸는데, 그것을 보고 주체할 수 없는 분노를 느낀 그녀는 부엌 유리창을 주먹으로 깨부수고 말았다. 이 일로 그녀는 치료를 받고자 결심하게 되었다.

정신분석을 진행한 이후 40세인 클레망스는 자신의 어머니와 처음으로 여행을 함께 떠났다. 하지만 그 여행에서도 그녀는 어린 시절 느꼈던 불안을 다시 느꼈다고 고백했다. 어렸을 때 밤에 전등을 켜놓지 않고는 잠을 잘 수 없었던 것은 자신이 잠이 들면 어머니가 칼을 들고 위층으로 올라와 자신을 죽일지도 모른다는 상상을 했기 때문이었다고 털어놓았다.

이러한 예만 보더라도 우리는 쉽게 알 수 있다. 죽음에의 충동이 한 사람에게서 다른 사람으로, 한 세대에서 다른 세대로 옮겨가는 것을 말이다. 심리분석을 진행할수록 클레망스는 그녀를 내내 괴롭혔던 그 불안에서 점차 놓여날 수 있었다. 요즈음 그녀는 아이들을 잘 키우며 중단했던 학업을 다시 시작했다. 그녀는 세대를 거듭하며 대물림되던 충동의 사슬을 끊었다. 다시 한 번 말하건대 우리 스스로를 묶어놓았던 속박의 사슬을 끊고 자신이 자유로워져야만 곁에 있는 타인도 자유롭게 만들 수 있다.

투사에서 내려놓기까지

"진정한 자선은 자신에게 먼저 행하는 것으로부터 시작되어야 한다."
달라이라마, 〈이타주의적 에고이즘에 대한 담화〉 중

투사에 대해 다시 한 번 이야기해 보자. 당신이 주위 사람들에게 좋은 사람이 되고 싶다면 스스로에게 우선 좋은 사람이 되어야 한다.

앞서 살펴보았던 노동조합 운동가 줄리앙이 자신의 문제를 깨닫고 지향목표에 있어 방향을 전환하였다. 그는 늘 노동조합원으로 남아 있지만 자신의 내적 목표를 '아버지와 동일시되는 사측'에 대한 복수에서 사회복지 운동으로 전환했다. 우리가 최초동기를 실현하고 그것을 내면으로 받아들일 때 개인의 욕구를 무시하지 않는 진정한 연민, 진실한 이타주의, 나아가서는 헌신에 이를 수 있다. 이것이 진정한 '내려놓기'이다.

내려놓기는 긴 시간 동안의 부정, 다시 말해 때늦은 오이디푸스

긍정의 팁

사실상 가족이나 친구 중 누군가가 고통을 받으면 우리는 그의 말에 귀 기울여주고 그에게 공감하고 연민을 느낀다. 그러나 가까운 가족보다는 사실상 중립적인 제3자를 만나는 것이 더 좋다.

의 폭풍을 겪고 난 이후에만 가능한 것이다. 다시 한 번 말하지만 인간은 여러 번 태어난다. 물리적으로 태어났을 때, 자기상을 갖게 되는 생후 18개월 때, 오이디푸스 콤플렉스를 겪고 난 이후, 그리고 일생 동안 큰 위기를 겪은 이후 마주하게 되는 세상이 매번 새로 태어난 듯 모두 다르다. 여기서 모든 종류의 악성 자기애자(인종차별주의자, 성차별주의자 등)에게서 발견되는 편집증(Paranoia)의 어원을 살펴보면 흥미로운 사실을 알 수 있다. Noia는 '탄생'을, para는 '막는 것'을 뜻한다. 다시 말해 악성 자기애자는 '태어나지 못하게 된 사람들'이다. 우리가 앞서 살펴보았듯이 상당수의 경우 부모의 잘못된 양육 때문에 마땅히 새로 태어나야 했을 중요한 시기에 제대로 태어나지 못한 이들이다.

앙드레 그린은 우리에게 말한다. "자신에 대한 의문을 받아들이는 것은 자기 자신에게 거리를 두고 행한 분석을 받아들이는 것이고, 나쁜 기준으로 주체를 특정 짓는 것이다."[1] 종종 우리는 타인을

---

1 Green A., 빼앗긴 광기: 경계선 환자에 대한 심리분석(La folie privée: psychanalyse des cas limites), Gallimard, 1990

192

볼 때 우리의 결점을 토대로 판단한다. 그러나 개인의 도착적 메커니즘에 대해 연구해보면 가해자 역시 가해자가 되기 전 피해자였다는 사실을 알 수 있다.

이 책의 목적은 나르시시스트형 변태에 대한 분석 지도를 독자 여러분들에게 보여드리는 것이었다. 스스로에 대해 탐구하는 것은 우리 자신의 몫이고, 세상을 살아가는 중 우리를 정신적으로 해치는 사람들이 어떤 이들인가를 판별하는 것도 우리 개인의 몫이다. 그리고 그들로부터 우리 자신을 보호하고 거리를 두는 것도 오롯이 우리들의 몫이다. 피해자는 우선 몸과 마음을 추스르고 다시 예전 모습으로 몸과 마음을 복구한 후 스스로를 보호해야 한다. 그것이 가장 중요한 점이다. 가해자에 대한 용서는 신의 몫이다.

이 장을 마무리하기 전, 나와 오랜 시간 동안 심리분석을 하며 고통의 시간과 힘겹게 작별을 고한 자크에게 발언권을 넘기고자 한다. 자크는 이제 우리에게 자신의 이야기를 들려줄 것이다. 그의 증언을 통해 독자 여러분들은 다시 한 번 우리가 지금까지 다뤄온 이 주제이론의 핵심을 확인해 보기를 바란다.

자크의 실화 증언

사랑과 징벌

제가 피에레트를 처음 만났을 때, 그녀는 이미 7년째 어떤 남자와 함께하고 있었어요. 그녀는 그를 더 이상 사랑하지 않으며 자기는 주기적으로 바람을 피운다고 했어요. 저는 당시에 미래를 기약할 수 없는 한 여성과 교제를 계속하고 있었어요. 우리는 바로 서로를 알아보았어요. 그녀는 평생을 기다려온 남자가 바로 나라고 말했어요. "난 너를 만나기 위해 천년을 기다려온 것 같아." 저 역시 우리가 소울메이트라는 생각이 들었죠. 우리는 완벽한 연인처럼 보였어요. 내밀하고 밀착된 관계. 우리는 인생에서 흔히 겪을 수 없는 기쁨과 행복의 순간들을 함께했죠.

그런데 피에레트는 놀라운 면이 있는 여자였어요. 순간순간 변하는 여자였죠. 어떨 때 저는 굉장히 매력적인 젊은 여자와 함께 있는 느낌이 들었고, 어떨 때는 보호가 필요한 아이와 함께 있는 듯했어요. 그녀가 제게 쓴 편지만 보아도 어떨 때는 철자 하나 틀리지 않은 채 완벽하고 아름다운 편지를 쓰고, 또 어떨 때는 아이가 쓴 듯한 편지를 받았어요.

저는 이전의 관계를 정리했어요. 피에레트에게는 일단 말하지 않고요. 피에레트에게는 그녀의 상황과 속도에 맞춰 정리할 시간을 주고 싶었거든요. 그녀 역시 이전의 관계를 정리했고 드디어 우리는 사랑의 결실을 맺을 수 있었지요. 저는 전 여자친구에게 미래 없는 우리 관계를 정리하자고 통보했어요. 하지만 새로운 사람을 만나게 되었다고는 얘기하지 않았죠. 그래서 전 여자친구는 저와 재결합할 수도 있다는 희망을 가지는 것 같았어요. 제가 그녀의 연락을 받지 않자 그녀는 정신적으로 완전히 무너지고 말았어요. 그렇게 마음을 아프게 할 생각은 없었기에 얼마간 저도 마음이 좋지 않았죠.

전 여자친구에 대해 맘속으로 많은 걱정을 했던 차에 피에레트가 그걸 느끼게 되었어요. 저는 제 예전 여자친구를 만나 달래주어야만 했어요. 저는 그녀를 만나 "내가 너와 헤어지는 이유는 너를 사랑하지 않아서가 아니고 미래가 없는 관계를 지속하는 것이 서로에게 좋지 않아서야"라고 말했어요. 얼마 동안 펑펑 눈물을 쏟은 그녀의 얼굴에 다시금 미소가 살며시 떠오르는 걸 보았죠. 그리고 그녀는 한결 정리된 마음으로 자리를 떠났어요. 저는 그 모습에 행복했습니다. 전 여자친구가 다시 일어날 수 있도록 제가 도울 수 있었으니까요.

너무 기쁜 나머지 저는 피에레트에게 실언을 하고 말았어요. 그때부터 저와 피에레트의 관계는 완전히 바뀌고 말았어요. 피에레트는 제가 부정하다며 힐난했어요. 그녀는 그런 저와 헤어지고 싶다더군요. 저는 죄책감이 들었죠. 내가 잘못을 저질러 운명적인 사랑을 잃는다는 사실이 믿을 수 없었어요. 그래서 저는 더 많이 사랑을 표현하고 더 뜨거운 사랑을 약속했지요. 그녀에게 말했어요. "내 사랑에는 한치의 망설임도 없어. 내가 남은 인생을 함께하고 싶은 사람은 바로 피에레트 당신이야."

하지만 반대로 그녀는 나와 지인들에게 "자크를 계속 사귀어야 할지, 전 남자친구에게 돌아가야 할지 모르겠어" 하고 말하는 거였어요. 그 말을 듣고 저는 너무나 격분했어요. 지금까지 한 번도 겪어보지 못한 감정이었죠. 저는 계속 제 주장을 펼쳤지만 결국 그녀와 함께할 수 없다는 사실을 받아들여야 했어요. 결국 저는 "너를 이해할 수 있어. 아마도 전 남자친구는 내가 가지지 못한 것을 갖고 있기에 너를 더 기쁘게 해주는 것 같으니 그에게 가는 건 어쩌면 당연한 것 같다"라고 말했어요.

그렇게 말하자 그녀는 또다시 말을 바꾸었어요. 그녀는 본인이 사랑한 사람은 바로 저이며 그것에 대해 일말의 의심도 없다고 말했어요. 우리는 그렇게 그 힘든 고비를 넘어갈 수 있었지요. 피에레트는 예전의 그 사랑스럽던 여인으로 다시 돌아왔고, 우리는 함께 행복할 수 있을 것 같았어요.

하지만 저의 행복은 오래가지 않았지요. 몇 주가 지난 뒤 제가 몸 담고 있는 극단의 동료들과 저녁을 먹으러 갔어요. 그러자 피에레트는 제가 다른 여자와 함께 있는 걸로 생각한 거죠. 저는 제가 과거에 저지른 과오에 대해 또다시 그 대가를 톡톡히 치러야 했어요. 그녀는 우리 관계는 끝이다, 우리의 관계는 너무도 혼란스럽다고 말했어요. 그 말을 듣고 저는 절망한 채 집으로 돌아갔죠. 마치 제 삶이 의미를 잃은 것 같았어요. 그런데 그녀가 제게 전화를 해서 이렇게 말하는 거예요. "왜 나를 가도록 내버려뒀지? 왜 나를 잡으려 하지 않았던 거야?"

그 이후의 시간들 역시 환상적인 시간과 혼란스러운 시간의 반복이었어요. 또한 저는 그녀로부터 모진 비난의 폭풍을 들어야 했죠. 그녀에게 저는 이기주의자, 그리고 고질적인 바람둥이였어요. 저는 정상적으로 사고할 수 없을 만큼 늘 팽팽한 긴장상태에 있었어요. 시간이 꽤 지나고 나서야 그녀가 제게 했던 그 비난들이 사실 저와는 상관없다는 사실을 알게 되었죠. 실제 제가 잘못한 것도 아닌데 그로 인해 비난을 듣는 것은 정말 사람을 미치게 만들어요. 어떻게 반응할 수가 없으니까요.

시간이 지나서 저는 그녀가 했던 비난이 저를 향한 것이 아니라는 사실을 알게 되었어요. 그 비난은 바로 자신의 어머니나 전남편을 향한 것이란 걸 알게 되었죠. 피에레트는 저를 통해 그들에 대한 분노를 풀었어요. 하지만 당시에 저는 그걸 이해하지 못했죠. 저는 그녀가 하는 말을 액면 그대로 받아들였어요.

갈수록 날 선 분위기가 되었어요. 제가 농담이라도 하면 그녀를 모욕하는 것이 되어버리고, 제가 조금이라도 일찍 들어오면 다른 여자가 있는 증거가 되어버렸죠. 그러다보니 저는 제 말과 행동을 극도로 조심할 수밖에 없었어요. 그러자 그녀는 "너는 늘 뭔가 부자연스러워. 내게 뭔가를 숨기고 있는 거지?"라고 말하더군요. 완전히 폭발하게 된 날까지 저는 엄청난 분노상태에 있었어요. "너가 날 비난하는 게 마치 무슨 영업 밑천인 것 같네." 제가 그녀에게 던진 말이었어요. 그건 구식의 낡은 방식이지만 그녀가 계속 고수하는 방법이기도 했지요. 그러자 그녀의 행동은 또 바뀌었어요. 일종의 우울상태로 들어갔죠. 더 이상 나를 비난할 것이 없어지자 그녀는 자신의 불안을 어떻게 해야 할지 모르는 것처럼 보였어요.

어느 날 내게 전화를 해서는, 자살하려고 약을 먹었는데 하교하는 딸을 데리러 갈 사람이 없다고 말했어요. 그녀는 약사이기 때문에 마음먹으면 얼마든지 약을 손에 넣을 수 있다는 사실을 저는 알고 있었죠. 그렇지만 제가 그 순간 119에 신고를 하면 그녀는 아마 모르는 사람들 앞에서 창피를 주었다고 또 저를 비난했을 거예요.

언젠가는 저에게 실컷 모욕적인 말을 퍼붓길래 저는 얼음처럼 얼어서 아무런 대응도 못하고 있었어요. 그러자 그녀는 제가 해주기를 기대했던 행동을 스스로에게 하는 거예요. 갑자기 자신의 뺨을 여러 차례 때리기 시작했던 거죠. 저는 그녀의 손을 저지하며 말했어요. "그만 둬. 너는 지금 내 마음을 찢어놓고 있어." 그러자 그녀는 말했죠. "이것 봐, 너 때문에……." 그녀에게 네가 힘든 시기를 겪고 있다는 걸 알고 있고, 이런 상황에서 벗어나야 하고, 이토록 어려운 상황이지만 너를 사랑하기에 네 곁에 함께 있겠다고 말해봤자 소용이 없었어요. 그녀는 태도를 바꾸지 않았어요.

어느 날 제가 그녀의 집에 가보았더니 피에레트의 딸이 친구와 거실에서 놀고 있었어요. 딸에게 엄마가 어디 있느냐고 물으니 방에 있다고 말하더군요. 그래서 방에 들어가 보니 피에레트는 수면제와 안정제를 술과 함께 다량 복용한 채였어요. 저는 얼른 상황을 수습했어요. 우선 아이에게 밥을 챙겨주고 재웠어요. 그리고 밤새 피에레트를 꼭 안아주었어요. 그 다음날 저는 일하러 가지 않고 딸아이를 학교에 보낸 뒤 아이의 친부에게 하교 후 데리러 와달라고 부탁해놓았죠.

저는 기분이 안 좋을 때 밖으로 나가서 바람이라도 좀 쐬면 나아지거든요. 그랬기에 저는 상황을 정리해놓고 그녀를 밖으로 데리고 나갔어요. 그런데 그러고 나면 매번 상황이 안 좋아지더군요. 그녀는 제가 해결책을 찾으려 하는 것을 못 견뎌하는 것 같았어요. 주말 동안 저는 그녀 곁에 머물러 있었고 밤이 되면 같이 잠을 잤어요.

어느 날 저녁 기진맥진해서 집에 온 저는 돌아누워서 잠을 청했어요. 그러자 그녀는 버림받은 기분이 들었는지 "난 다시 수면제를 먹을 거야"라고 말하더군요. 그 말을 듣고 저는 당장 그녀에게 사과했어요. "미안해, 내가 너무 소홀했지." 제 품에 안겨 그녀는 바로 잠들었어요. 저는 또다시 밤을 새워야 했지만 그녀가 제 품에서 긴장을 푸는 느낌이 참 좋았어요.

그 주말은 우리 사이에 많은 것을 변화시킨 것 같아요. 그녀는 얼마나 제가 자기를 사랑하는지, 그리고 우리가 잘 지내기를 바라며 어떤 것도 할 수 있는 준비가 되어 있다는 것을 아는 것 같았어요. 그런 뒤 1개월이 지났죠. 사람들이 우리 사이를 부러워하는 것 같았어요. "두 분 너무 잘 어울리세요"나 "네가 잘 지내는 것 같아서 기분이 참 좋아"라는 말을 듣는 것이 흔한 일이 되었죠.

다시 한 달이 지나고 우리는 아이들을 데리고 휴가를 떠났어요. 휴가지에 도착하고 나서 피에레트는 딸이 휴가 전에 생부에게 맞은 것을 알게 되었죠. 그걸 알고 그녀는 이성을 잃었어요. 그날 저녁 저와 아이들 사이에 사소한 말다툼이 있었는데, 그걸 보더니 피에레트는 제가 자신의 딸을 학대했다며 저를 비난하는 거예요. 그럴 리가요. 아이들은 지금까지 제게 늘 사랑과 따뜻함을 표현했어

연민의 힘

요. 피에레트의 오해는 부적절했고 어떤 경우에도 저를 향해 있는 게 아니었어요. 제가 기분이 상해서 밖으로 나와 한 바퀴 돌고 오는 동안, 피에레트가 차분히 생각을 한 후 미안하다고 내게 사과할 거라고 믿었어요.

근데 역시 사과는 없었어요. 늘 그래왔듯이 그녀는 나의 행동을 다시 비난했죠. 잠을 청하기 위해 그날 밤 제가 돌아눕자 그녀는 다시 제게 협박을 하더군요. "나 다시 약 먹을 거야." 저는 제가 이전에 느껴보지 못한 제 자신의 폭력성을 느꼈어요. 그녀는 저의 사랑과 친절을 결국 저를 조종하는 데 다시 이용한 거죠. 저는 너무나 화가 나서 좀처럼 그러지 않지만…… 그날엔 그녀의 멱살을 잡았어요. 다행히도 어느 정도 자제력이 남아 있었어요. 그렇지만 저는 내 자신도 몰랐던 저의 폭력성을 새로이 알게 된 후 오랫동안 자책에 빠져 있었어요.

그 이후 저는 늘 상냥한 연인이었지만 그녀에게 약간의 거리를 유지했어요. 그러자 그녀는 전과 다른 얘기를 하기 시작했어요. "너는 이전의 네가 아니야. 넌 변했어. 이전의 너로 돌아와 줘." 이전에 그녀는 끊임없이 저를 비난했어요. 그랬던 그녀가…… 당시에 본인이 못 견디게 미워했던 그 모습으로 다시 돌아와 달라고 어떻게 제게 애원할 수가 있는지 저는 납득할 수가 없었어요.

다행히도 새로운 연극 워크숍이 있었어요. 연수지로 혼자 떠나서 그곳에서 친구들을 다시 많이 만났어요. 1년이 넘는 시간 동안 처음으로 한숨을 쉬지 않고 크게 웃을 수 있었죠. 이제 시간이 흘러 그 시절을 되돌아보았을 때 그 연극 워크샵 기간이 저를 구하지 않았나 싶어요. 그때 그 친구들이 얼마나 고마운지 몰라요.

워크샵이 끝나고 저는 다시 집으로 돌아왔죠. 그녀는 제가 즐거워하는 것을 느끼고는 심기가 매우 불편해졌죠. 더구나 저는 그녀에게 워크샵에서 얼마나 즐거웠는지를 설명해주었어요. 그곳에서 제게 관심을 표하는 어떤 젊은 여자를 만났다는 얘기도 했죠. 물론 저는 사귀는 사람이 있고 충직한 사람이므로 관계의 진전을 거부했다고도 말했어요.

왜 제가 그 말을 했을까요? 돌이켜 생각해보면 제가 1년 넘게 계속 무시당하며 살아왔기에 저도 밖에 나가면 인정받는 사람이라는 걸 알려주고 싶었던 게 아닌가 싶어요. 어쨌든 저는 충직한 사람이라는 말을 덧붙였어요.

두 번째 연수 때는 피에레트가 후에 합류하기로 되어 있었죠. 저는 예정보다 일찍 연수지로 출발했어요. 다시금 웃음과 사람들의 정감을 되찾고 싶었나봐요. 그 모습을 피에레트는 너무도 못 견디게 싫어했어요. 여행 내내 저와 헤어지기로 결정했다는 일방적 통보를 해왔어요. 그녀에게 다시 생각을 해보라고 말하자 그녀는 제게 헤어지겠다고 확언을 했어요. 저는 처음으로 그녀의 통보를 받아들였어요. 그 이후 일주일 동안 그녀로부터 연락이 없었어요. 저는 긴장이 풀어지고 정상적인 상태로 돌아갔어요.

그리고 나서 다시 전화벨이 울렸죠. 그녀는 울면서 자신이 얼마나 저를 사랑하는지 아느냐며, 우린 절대로 이대로 헤어질 수 없다고 말하더군요. 심리적 거리를 유지한 것이 다행이었습니다. 저는 헤어지고 싶다는 제 생각을 다시 말했어요. 그러나 그러면서도 저는 그녀를 사랑하지만, 견딜 수 없는 것은 우리 관계의 몇 가지 측면들이라고 말했죠. 저는 이 기간을 잘 이용했고 에너지를 재충전했어요.

돌아와서 우리는 바로 다시 만났어요. 그리고 저는 얼마나 제가 그녀를 사랑하는지를 바로 알게 되었어요. 그러나 다시 관계를 이어나갈 생각은 없었어요. 관계를 다시 이어나가기에는 지불해야 하는 대가가 너무나 혹독했기 때문이었어요. 그녀는 제게 너무나 아름다운 글을 써서 주고, 정확히 제가 그토록 듣고자 소망했던 말들을 들려주었어요. 그녀가 너무나 사랑스러웠어요. 우린 서로를 다시 안게 되었죠. 우리가 다시 만난 첫날부터 우린 해변에 갔어요. 너무나 황홀한 순간들을 함께 했어요. 저는 지금까지 살면서 그 누구와 나누었던 것보다 더 내밀하고 밀착된 시간을 그녀와 보냈었다고 말할 수 있어요.

돌아오는 길에 저는 그녀에게 다음 주말을 그녀와 함께 보내고 싶다고 말했어요. 왜냐하면 그 다음주에 또다시 연극 연수가 있기 때문이라는 말도 덧붙였죠. 그러자 그녀는 자신의 허락도 받지 않고 주말계획을 혼자 세워버렸다며 벼락같이 화를 냈어요. 제가 아무리 이야기를 해봤자 소용이 없었어요. 그녀는 제 말을 듣질 않았어요. 제가 그녀를 집에 내려주자 그녀는 이제 둘의 관계를 정리하고 싶다고 제게 말하더군요.

그 뒤 집으로 돌아오는 길에 저는 생각을 다시 고쳐먹었습니다. 한 시간 후에 분명히 '네가 나를 버렸어'라는 말을 들을 텐데, 그러기보다는 아예 헤어지지 않겠다고 하는 편이 낫지 않을까 하는 생각이 든 거죠. 그래서 저는 그녀의 집으로 다시 돌아갔습니다. 그러자 그녀는 "내 눈을 똑바로 보라고. 우리 둘은 완전히 끝났어"라고 말하더군요. 지금까지 그녀가 이토록 단호했던 때는 없었어요. 그래서 저는 다시 집으로 돌아갔어요. 돌아가는 길에 그녀는 다시 제게 전화를 해서는 "이것 보라구. 너는 나를 사랑하지 않는 거야. 네가 나를 사랑했다면 나를 보러 다시 왔어야지"라고 말하는 거예요. 저는 말없이 전화를 끊었죠.

집에 돌아와서 생각해보니 제가 정말 바보가 된 것 같았어요. 저는 마지막으로 설명을 하기 위해 그녀에게 전화를 걸었지만 그녀는 전화를 받지 않았어요. 그래서 저는 그녀를 떠나기로 마음을 먹게 되었어요. 저는 그녀에게 주말까지 전화기를 꺼놓을 거라고 메시지를 남긴 후 기차를 타고 무려 천 킬로미터를 달렸어요. 그곳에서 저는 한 소중한 친구를 만났어요. 돌아와서 전화기를 켜보니 메시지가 10통 넘게 와 있었는데, 그녀는 자신이 나를 사랑하고 있으며 사랑을 잃을지도 몰라 두렵다고 메시지를 남겨놓았더군요.

그녀가 나와 연락이 닿았을 때 나는 그녀에게 어디서 주말을 보냈고, 또 우린 당연히 다시 만나야 한다고 말했어요. 그녀는 울면서 저 없이 살 수는 없다고 말하더군요. 제가 그녀의 삶의 증거이자 삶의 이유라고 말하면서…… 그리고 우리는 서로를 뜨겁게 안았죠.

연민의 힘

몇 주가 지난 후 그녀가 느끼는 불안의 원인을 알게 되었어요. 저의 부재가 그녀에게 불안을 안겨주었고, 저의 존재가 그녀에게 안도감을 안겨주었던 거예요. 그래서 저는 그녀와 함께 살기로 결정했어요. 그녀는 내게 말했어요. "그 전에 네게 고백할 것이 있는데, 지난주에 잘 알지 못하는 사람과 잤어." 그 말을 듣는 순간 다시 한 번 온몸에 피가 얼어붙는 것 같았습니다. 말문이 막혀버렸죠. 저는 당장 그 자릴 떠나고 싶었지만 그녀가 몸으로 막아서더군요. 저는 그녀가 물러서는 것을 기다린 후 그 자리를 떠났습니다.

저는 아무 말도 하지 않고, 아무 말도 듣지 않아야 했습니다. 저는 바보가 된 것 같았어요. 그녀의 말은 제게 도무지 알아들을 수 없는 외계어 같았어요. 저의 뇌는 더 이상 사고를 할 수 없었어요. 그 다음날엔가 그녀는 80킬로미터를 달려 제 직장으로 찾아와서는 제게 무릎을 꿇었어요. "난 네가 날 사랑하는 걸 알아. 우리는 서로가 없이는 살 수 없어."

결국 우리 관계는 그 이후 6개월 더 지속되었어요. 천상의 순간과 지옥의 순간이 번갈아가며 계속되었죠. 저는 그녀가 자신의 얼굴 표정과 목소리, 심지어 억양마저 수시로 바꾸는 걸 볼 수 있었어요. 초반에 본 그녀의 너무나 사랑스럽던 모습들이 점점 악몽으로 변해갔죠. 그녀를 보면 또 어떤 모습으로 만나게 될지 알 수 없어 늘 두려웠어요. 어느 날 저는 자살시도를 했다고 그녀에게 말했어요. 그 말을 했음에도 그녀는 그 어떤 행동변화도 보여주지 않았죠. 아마도 역효과를 나타낸 것 같아요.

행복이 있을 법할 때마다 그 시간을 엉망으로 만들어놓곤 했어요. 예를 들면, 그녀가 제 연극 연수에 따라왔을 때 그 기간 내내 기분이 좋지 않은 채로 제게 협박을 했죠. 협박의 내용은 보통 '연수가 끝나기 전에 떠나버리겠다'였어요. 그녀는 거짓말로 둘러댄 후 사람들 앞에서 저를 망신 주고 실제로 연수기간 중간에 떠나버렸지요. 그리고 두 번째로는 정말 평상시의 저와 다른 모습인데, 제가 두 달에 세 번씩 몸에 병이 나는 거예요. 독감, 감기, 인후염 등 유행 질환이란 질환은 모두 걸렸었죠. 명철하게 판단할 수가 없었어요. 그녀의 말은 이율배반적이었어요. 어느 날은 서로를 배신하지 않는 것이 제일 중요하다고 말해놓고서, 그 다음날 그 말은 무용한 말이 되어버리죠. 어느 날은 제가 그녀의 운명의 남자라고 말하고, 그 다음에는 제가 만인의 연인이지 자기 남자는 아니라고 말하곤 했어요.

우리가 만난 지 2년이 되었을 때 그녀의 친구 집에 초대를 받았어요. 아주 화기애애한 저녁시간을 보냈어요. 매 주말마다 우린 마치 처음 만난 연인처럼 뜨겁게 서로를 안았죠. 그러다 주말이 끝날 때 즈음 그녀는 기쁨으로 빛나는 눈을 하고서 제게 말하죠. "넌 정말 착해. 내가 그렇게까지 하는데 어쩜 이렇게 착할 수가 있지?" 그러면 저는 그녀에게 "그건 내가 너를 사랑해서이며, 난 원래 이래" 라고 대답했습니다.

2년 동안의 악몽 같은 시간을 지낸 후 우리는 다시 정상적인 사랑을 나눌 수 있었을까요? 그 다음날 저는 그녀의 전화를 받았죠. 저는 우리가 함께 보냈던 지난 주말을 생각하며 행복에 빠져 있었

연민의 힘

는데…… 그런 제게 그녀는 말합니다. "너는 독 같은 존재야. 내가 널 떠나고 싶어 한다는 걸 정말 모르는 거야?" 저는 할 말을 잃은 채 전화를 끊었습니다. 제가 저녁에 그녀에게 다시 전화를 해보았으나 그녀는 전화를 받지 않았죠.

다음날 그녀는 제게 메시지를 하나 보내왔어요. 제가 전화를 안받으니 문자를 보낸 것 같았어요. '이것 봐봐. 너는 결국 나를 버렸잖아.' 그러고 나서 며칠간 계속 제게 전화를 했습니다. 그녀는 우리의 연인관계가 지속되기를 원하는 것 같았어요. 저는 그녀에게 네 전화를 한번 받고 나면 며칠간 고통과 불면증이 이어지니 더 이상 연락하지 말라고 말했습니다. 그녀는 처음에는 저를 비난하더니, 나중에는 제가 그녀에게 했던 그 걱정들을 제게 보내더군요. 저는 죽음에 대한 공포를 느껴서 도저히 그녀에게 다시 갈 수가 없었어요. 저는 매우 낙담한 채로 집에 칩거하며 무기력한 채로 하루하루를 보냈어요.

다행히도 1개월이 지나 저는 마음을 추스르고 제 친구들과 함께 연수를 받았습니다. 거기서 저는 기분전환을 하고 조금 숨을 쉴 수 있게 되었습니다. 제가 다시 도착했을 때 그녀는 집에 와 있었습니다. 친구들 사이에서 활짝 웃는 얼굴을 하고 말이죠. 그녀는 제게 말을 걸려고 했지만 저는 그녀를 피했습니다. 그러자 그녀는 다른 누군가를 통해 그녀가 나와 헤어졌고, 자신 때문에 내가 고통 받는 모습을 보게 돼 너무나 슬펐다고 슬쩍 전해왔습니다. 언제나 연극 연수에 따라와서는 기분 나쁜 얼굴로 있었던 그녀가 그때는 제 친구들에게 상냥하더군요. 저는 내면에 분노가 끓어오름을 느꼈지만 그것을 표출할 수는 없었습니다.

저의 공격성은 극도로 심해져서 주위 사람들이 저를 피할 정도였지요. 저는 미쳐가고 있었습니다. 밤이면 저는 잠을 이루질 못했습니다. 밤이면 제가 생각할 수 있는 가장 고통스러운 불안이 엄습해 왔습니다. 저는 버려질까 극도로 두려워하는, 죽음과 같은 공포를 느끼는 아이가 된 것 같았습니다. 저는 제 친구들에게 버림받을 것이며, 그 누구도 날 원치 않을 것이며, 고통 받으며 떠도는 영혼이 될 거라고 제 스스로에게 되뇌었습니다. 저는 이런 식으로 영혼의 우울 속에 제 자신을 잠식시킨 것이죠.

다행히도 동시에 그 고통을 견딜 수 있는 힘이 남아 있다는 것에 놀랐습니다. 저는 제가 미쳐가고 있다는 사실을 알고 있었지만, 제 어딘가에는 아직 남아 있는 신뢰가 있었습니다. 저의 내면은 제가 광기에 맞서도록 지탱해주었어요. 그로부터 시간이 지난 후 저에게는 증오와 고통만이 남았습니다. 저는 다시 집에 무기력하게 칩거 했어요. 저는 그녀를 파괴하고 싶었고, 그녀가 내게 했던 것만큼 그녀에게 고통을 주고 싶었어요.

저의 악독함으로부터 그녀를 지키기 위해 저는 그녀와 모든 연락을 끊었어요. 오랫동안 참았죠. 이후 저는 분노가 폭발해서 그녀에게 믿을 수 없을 만큼 과격한 문자를 보냈어요. 우리가 헤어지고 며칠이 지나지 않아 그녀는 제게 꽤나 기분 좋은 듯한 소식을 보내왔어요. 본인이 유부남을 만났는데 그가 본인에게 믿음직스럽게 굴진 않으니 본인 역시 신의를 지킬 필요가 없는 상대라는 것이었어요. '나는 한 번 쓰고 버리는 대상이었던 거야.' 저는 제 자신에게 자책하듯 중얼거렸어요.

그 이후 저는 비로소 광기에서 벗어날 수 있었습니다. 한 발짝 떨어져서 생각할 수 있는 능력을 갖게 된 것이죠. 지난 2년 동안 저는 그녀의 힘을 북돋아주는 데 제 모든 에너지를 소진했습니다. 하지만 정작 제 자신이 완전히 무너진 것이죠. 그 결과로 저는 직장을 잃고 집을 내놓아야 하는 상황이 되었습니다. 현재의 저는 아무 그림도 없고 아무런 미래도 없는 흰색 도화지 같아요.

피에레트와 제가 다시 만났을 때 저는 기분이 좋았습니다. 그러면 그녀는 심기가 매우 불편해졌어요. 지금 우리는 입장이 바뀌었어요. 제가 기분이 안 좋으면 반대로 그녀는 기분이 좋아졌고 이 기분을 제게 알리려고 해요. 헤어진 이후 그녀는 제게 이런 문자를 보냈더군요. '몸조리 잘해. 네가 네 자신을 잘 돌보면 나도 나을 것 같아.'

하지만 저는 정말 알고 싶은 의문이 있습니다. 그녀가 마치 사랑에 처음 빠진 여자처럼 제게 사랑한다고 말했을 때 그녀의 말은 진심이었을까요? 아니면 가끔 제가 생각하듯이, 그냥 제가 멀어지려 할 때 저를 붙잡아 매어두기 위해, 아니면 제가 다가갈 때 저를 낚아채기 위한 영혼 없는 빈말이었을까요? 그럼에도 불구하고 저는 제 가치관을 끝까지 지켰다는 것, 그리고 좋았던 때와 나빴던 때 모두 그녀와 함께했다는 점, 그녀를 끝까지 응원하고 그녀가 진흙탕에서 나오도록 도와주려 했으며, 끝내 그녀를 버리지 않았다는 점에 대해 제 자신에게 자부심을 느낍니다.

제 심리분석 치료사 선생님은 제가 자기애를 좀 더 가져야 한다고 말합니다. 그런데 잘 모르겠어요. 자기 이미지란 인생의 어느 부분에서는 보호해야 하는 것이지만, 어느 순간이 지나면 자기 이미지조차도 뛰어넘어야 한다고 생각해요.

도착자는 우스꽝스런 이미지를 그린 풍자화이며, 변형된 거울 같은 이에요. 그녀는 어떤 의미로 보면 제 모습 중 일부를 보여준 것 같아요. 그러나 저는 이제 스스로 저의 진정한 장점을 발견해내야 한다고 생각해요. 그 장점이란 어떤 결과를 내기 위한 장점이 아니라 진정 내 존재를 밝혀주는 그런 장점을 말하는 거죠.

어렸을 때 저는 물살이 센 강에서 멱을 감기를 좋아했어요. 과거에 많은 사람들이 그 물에 빠져죽었기 때문에 제가 그곳에서 수영하는 걸 보고 동네사람들은 저더러 미쳤다고 했지요. 저는 위험할 게 아무것도 없다는 생각이 들었어요. 그 이유는 물의 소용돌이가 제 몸을 감싸게 되면 그 물살이 흐르게 두어 더 멀리 가도록 만들면 된다는 생각이었거든요. 물에 빠져죽은 이들은 물살과 싸우려 하다가 죽은 사람들입니다. 삶의 한가운데서 저는 그와 같이 행동할 것입니다. 이 위기가 저 멀리 지나갈 때까지 이 혼돈 속에 제 몸을 맡길 거예요. 그리고는 제게 더 맞는 삶을 다시 만들어나갈 겁니다.

저는 제가 이 위기 속에서 잘 헤쳐나갈 수 있다는 걸 압니다. 불행히도 그녀의 가치관과 태도를 봤을 때 피에레트는 또다시 늪에 빠지고 말 거예요. 그녀는 모든 사람이 그녀와 똑같이 행동한다고

연민의 힘

말하죠. 아마도 저는 그녀에게 그 반대를 보여준 것 같아요. 그녀가 고통 속에 다시 빠지게 되는 날, 저는 다시 그녀의 곁에 있고 싶습니다. 그러나 이번에는 그녀에게 빠지지 않을 만큼의 충분한 거리를 두고서요. 내 사랑하는 이, 혹은 가엾은 내 여자친구가 아닌, 그때는 대가를 기대하지 않는 사랑과 연민으로 그녀에게 돌아가겠습니다.

11장

죽음의 왈츠를 추는 도착자와 희생양

레티아는 의붓어머니 밑에서 자랐다. 의붓어머니는 악성 자기애자의 여러 특징을 갖고 있는 사람이었다. 레티아는 자신의 모습 속에 의붓어머니를 떠올리게 하는 여러 특징과 태도, 비슷한 표현 등을 발견할 때면 정말로 견딜 수 없이 괴로웠다. 스스로가 그렇게 미울수가 없었다. 그럴 때면 그녀는 의붓어머니와 너무나 닮아 있는 자신의 존재를 심리적으로 고립시켰다. 고립이란 강박적 신경증 환자의 전형적인 방어기제다. 내 자아의 일부 중 다른 존재와 연결고리가 되는 생각이나 행동을 강제로 절연시키는 것이다.[1]

고립 상태가 지나간 뒤 레티아는 부인(denegation)의 기제를 사용했다. 부정(deny)과는 다르게, 모든 종류의 발화의 산물이 바로 다른 말에 의해 부인되는 것이다. 가령 "나는 당신 곁에 오기가 싫었어요. 그렇지만 내가 당신을 보기 싫어한다고 생각하진 마세요." "나는 내 딸이 이럴 때 싫어요. 그렇지만 내가 그녀를 사랑하지 않는다고 생각하지는 마세요." 부인은 부정과 다르다. 부인은 자신이 한 말을 인정하지만 곧바로 말속의 의미를 없애버린다.

레티아가 아이였을 때 그녀는 어떤 말이나 행동을 할 때마다 비난받았다. "너는 정말 말도 안 되는 소릴 하는구나. 너 때문에⋯⋯ 너는 정말 제멋대로구나."

또한 모든 말의 결과는 그녀를 위험에 처하게 했다. 도착자처럼 투사의 기제를 사용하여 타인의 약점을 공격할 수 없었기 때문에 레티아는 고립이라는 기제를 사용하고 강박적인 태도를 갖게 되었다. 그녀는 심리분석을 받던 중에 자신 안에 의붓어머니의 도착적 특성이 있다는 것을 인정한다. 그러나 그러한 측면들을 행동으로 옮기지는 못하고 충동의 상태로만 남아 있다.

그녀는 자신에게 친절하지 못했던 의붓어머니를 미워했지만, 동시에 모든 아이들이 그러하듯 그녀는 의붓어머니를 사랑했고 동시에 자신과 동일시했다. 이 점이 레티아가 풀어야 하는 역설이다. 레티아 자신이 갖고 있는 신경증은 자신이 도착자가 아니라는 것의 증명이었다. 의붓어머니처럼 충동을 행동으로 옮길 수 없기 때문이었다. 그 의붓어머니의 경우에는 자신의 행동에 의문을 제기하고

---

1 Laplanche E., 정신분석 용어집(vocabulaire de la psychanalyse), PUF, 2010

분석을 시작하는 것 자체가 불가능한 사람이었다.

사랑바보

도착자는 희생양을 마치 거울처럼 이용한다. 자신의 나쁜 점은 희생양에게 쏟아내고, 희생양이 가진 장점은 곧바로 취하는 능력을 가졌다. 이런 의미에서 자크와 피에레트의 관계는 그 적확한 예이다. 피에레트가 스스로 자기의 빰을 때리자 자크는 그녀에게 말한다. "그만둬. 네가 이러면 내가 너무 아프잖아." 그런 다음 그녀가 말문을 열고 한 말은 "이것 봐. 너 때문에……"였다. 오히려 "그만둬. 네가 이러면 네가 너무 아프잖아"[2]라는 말이 더 알맞지 않을까. 그리고 피에레트 또한 "이것 봐. 나 때문에……"라고 말하는 것이 더 맞지 않을까.

또한 역설적 금언령[3]은 이렇게 말을 하도록 만든다. "우리는 동일한 가치관을 갖고 있지 않아. 그렇기 때문에 내가 바람을 피우는 건

---

2 자신이 사랑하는 사람이 고통 받는 것을 보는 것이 더 고통스럽다고 이해할 수도 있을 것 같다.

3 금언령은 역설적이다. 왜냐하면 피에레트는 자크가 부정하고 본인은 부정하지 않는다는 가정을 하고 있다. 그러므로 그녀는 그를 배신할 수 없다. 자크가 부정하지 않고 본인이 부정한다는 가정을 해도 마찬가지이다. 피에레트는 자크를 배신할 수 없다. 그리고 어떠한 경우라도 피에레트가 어떤 점 때문에 그때그때 다른 행동이 나오는지 짐작할 수가 없다. 역설적 금언령 그 자체는 피해자에 의해 풀릴 수 없고, 피해자는 점점 광기의 상태로 들어간다.

당연해." 이 말을 보면 역설적 거울이 작동하는 것을 알 수 있다. 그녀는 그에게 자신만의 가치를 보여준다. 또한 그녀 자신은 잘못된 사람이므로 행동으로 옮길 수 있다고 말한다.

자크는 피에레트처럼 어려운 유년기를 거쳐온 사람이라 피에레트 안에서 자신을 보곤 한다("너는 내게 너무나 중요해. 우리는 소울메이트야"). 피에레트와 자크는 동거를 시작한 후에 그들 자신의 증후를 발견하며 함께 탈출할 수 있는 방법을 찾는다(피에레트는 이를 완전히 부정한다). 자크는 자신이 고통을 받으면서까지 피에레트를 돌보려 한다. 피에레트는 자신의 결점을 자크가 가져가기를 원한다. 자크는 피에레트 안에 보이는 특유의 증후들을 인정한다. 그리고 그 변태적 증후들을 돌보고 그것마저 사랑하려 한다. 하지만 그녀는 자신의 증후를 자크 안에 투사하고 그것을 파괴하려고 한다.

최근의 상담에서 자크는 그가 시도했던 자살기도에 대한 이야기를 들려주었다. 사실상 자크는 피에레트를 만난 지 1년 반 만에 그녀가 하는 말의 노예가 되었다. 그는 자살기도를 했고, 그 사실을 그녀에게 고백했음에도 여전히 피에레트는 행동을 바꾸지 않았다. 그 후 6개월이 지난 뒤 그들은 관계를 정리했다. 그의 증언에서 말하듯 그는 결국 친구들 곁으로 돌아갔고, 피에레트는 그 모습을 보며 자크가 다시 일어서는 것을 막고자 했다.

자크가 했다는 자살기도를 잘 분석해보면 '피에레트 대신' 시도한 자살기도였던 것을 알 수 있다("내 우울증을 네가 가져가. 그리고 죽어. 나는 그렇게 할 수 없으니까"). 그리고서 피에레트는 그에게 다음과 같이 쓴다. "네 자신을 돌봐. 네가 네 자신을 돌보면 나는 나을 수 있어."

역설이라는 거울

그 반대를 말하더라도, 우리는 피에레트가 자크를 존경하고 있고 그에게 절대적인 신뢰를 부여하고 있음을 알 수 있다. 마치 거울 같은 이들 관계에서 피에레트는 자크의 존재에 의해 다시금 자기애를 갖게 된다. 그리고 그에게 자신 안에 있는, 본인도 견딜 수 없어 하는 부정적인 점들을 투사한다. 그 점을 자크에게 알려주자 자크는 인정하며 내게 말했다.

그들이 헤어지기 며칠 전에 피에레트에게 자신이 겪고 있는 금전 문제에 대해 이야기를 꺼냈다고 한다. 그러자 피에레트는 그에게 선뜻 돈을 빌려주겠다고 말했다. 자크가 두 사람이 앞으로 헤어질 것이라는 점을 시사했음에도 그녀는 어쨌든 간에 그를 믿고 돈을 빌려주겠다고 하였다. 그 주말이 그들이 함께 보낸 마지막 주말이었다. 그녀는 그에게 말했다. "넌 정말 착해. 내가 그렇게까지 했는데 어떻게 내게 이렇게 친절할 수 있지?" 그렇게 말한 지 이틀 만에 그녀는 자크에게 전화를 걸어 이렇게 말했다. "너는 암적인 존재야."

피에레트는 거울의 반대편으로 가는 것에 성공했다. 자크는 스스로를 보호하기 위해서 피에레트와 그녀의 친구들과의 모든 관계를 끊어야할 것이다. 자크는 연말 송년회에서 자신의 아들과 피에레트를 데리고 참석하는 바람에 친구들이 다소 불편해했던 것을 기억한다. 2년이 지난 후, 자크는 친구들과 함께 하는 송년회에 또다시 불편함을 견뎌야 했다. 왜냐하면 피에레트가 자신의 딸과 우울증에 걸린 자크를 데려왔기 때문이었다. 이처럼 그들은 정확히 그들의 자리를 바꾸었다. 자크는 고립되고 우울증에 걸렸으며, 피에레트는 자크가 그녀에게 했던 것과 동일한 장면을 연출하고 있었다.

자, 우리는 지금까지 세상은 넓고 그 세상 속에는 수많은 유의 사람들이 존재한다는 것을 보았다. 그들 중에는 로렐라이도 있고 돈 주앙도 있다. 그들이 얼마나 상대방에게 크나큰 상처와 고통을 주는지 알면 좋으련만! 그렇지만 그런 그들도 과거 어느 시절에는 학대에 고통 받았던 힘없고 조그만 아이였단 사실을 잊지 말자.

희생양은 어느 순간 지옥을 벗어날 수 있지만, 도착자는 자신의 정신세계에 갇힌 가여운 포로다. 그들이 행하는 악행을 본인들은 알 수 있을까? 한순간 그들의 증상을 개선시킬 수는 있겠지만 결국엔 늘 원점으로 되돌아간다. 그들은 언젠가는 이 쇠사슬을 끊고 밖으로 나갈 수 있는 길을 찾을 수 있게 될까?

인종차별주의는 기존 체제를 유지하고 자신들의 행위를 정당화하기 위한 수단으로 악성 자기애적 기제를 쓰는 사람들의 사상이다. 그런 사회에서 35년간의 수감 생활 등 모진 고통을 견딘 남아프리카공화국의 넬슨 만델라 전 대통령을 기억할 것이다. 끝으로 넬슨 만델라의 대통령 취임연설 중 한 구절을 인용하며 이 책을 마무리하고자 한다.

"우리가 갖고 있는 내면의 가장 깊은 두려움은 우리가 능력이 부족할지도 모른다는 생각이 아닙니다. 가장 깊은 공포는 우리가 모든 한계를 뛰어넘을 만큼 강하다는 점입니다. 우리를 가장 두려움에 떨게 하는 것은 어두움이 아니라 우리 스스로가 발하는 빛입니다.
우리는 자문해보아야 합니다. 나는 누구인가? 빛나고 밝고 재능 있고 근사한 존재가 되어야 할 나는 누구인가? 그러한 존재가 되지 말아야 할 당신은 누구인가? (……) 소심하게 사는 것은 세상에 도움이 되지 못합니다. 타인의 불안감을 없애기 위해서 내 자신을 편협하게 만드는 것은 진정한 빛이 아닙니다. (……)
빛이란 소수의 선택받은 자들만이 갖는 것이 아니며 빛은 우리 각자의 안에 있습니다. 시간이 지날수록 우리 고유의 빛이 반짝이도록 둡시다. 우리는 무의식중에 타인들도 반짝이도록 허할 것입니다. 우리의 맘속에 숨어 있던 그 두려움을 떨치면서, 우리의 존재는 자연히 타인에게도 자유를 허할 수 있을 것입니다."
- 넬슨 만델라 대통령 취임식 연설 중(프리토리아, 1994년 5월 10일)

　　　　　　 '바네사 이야기' 질문에 대한 정답 가이드

2장

Q : 나르시시즘의 공통적인 병리적 특징은 마치 마법과도 같은 생각을 한다는 것이다. 바네사의 발달과정에서 볼 때 이런 사고의 기원을 어디서 찾을 수 있나?

A : 그녀는 자신의 욕망을 이루려는 생각으로 모든 시간을 보낸 사람이다(첫 번째 텍스트 참고). 마법 같은 생각은 그녀가 태어난 이후 초기 상황에 집착하는 데서 기인한다. 영아는 보통 자신의 욕망만을 생각하고, 어머니는 그 욕망을 만족시키기 위해 존재한다. 어른

이 되어서도 이러한 방식이 계속 유지되도록 바랄 수도 있다.

30년이 지난 후, 젊은 아빠가 된 남동생은 사고를 당했다. 남동생은 살았으나 그의 아들은 죽고 말았다. 바네사는 그 일에 대해 엄청난 죄책감을 느끼게 되었다. "내가 동생을 너무 미워해서 결국 동생은 내 저주를 받고 말았던 거야……."

바네사는 일생 동안 내내 계속 자신이 태어난 이후 얼마되지 않았을 때의 그 행복한 순간을 잊지 못하고 집착하였다. 욕망하는 것은 모조리 다 가질 수 있었던 그 때를.

3장

Q : 악성 자기애자는 역설적인 가치를 두고 스스로 괴로워한다. 어떤 유형의 사랑에 가치를 두고 바네사는 고민에 빠졌는가?

A : '사춘기 때 바네사의 어머니는, 자신은 아버지의 방을 청소할 테니 그녀에게는 남동생의 방을 정리하라고 시켰다.' 그녀에게서 일어난 일에 견주어볼 때 바네사는 여자의 역할은 자기 남편의 뒷정리를 해주는 것이라고 느꼈다. '아버지는 유명한 바람둥이다. 바네사는 어머니가 아버지의 애인과 싸우는 것을 보았다. 그리고 아버지가 당신 애인의 집에서 나오는 것을 보고 소스라치게 놀랐다. 그 장면을 바네사는 마음속 깊이 비밀로 간직했다.' 아버지에게 있어 여자

는 집 바깥에 있는 존재였다. 그러나 집에 있는 사람은 어머니였다.

'역설적으로, 아버지는 자신의 딸에게 남자애들을 만나지 못하게 했다. 내 딸은 창녀가 아니오.' 아버지는 남자들을 만나고 다니는 여자를 창녀라고 불렀다. 사랑에 대한 가치관에 관해서라면 바네사는 역설적인 상황에 마주하게 되는데, 그 고통이 이루 말할 수 없었다. 그 고통에서 벗어나기 위해서 바네사는 '좋은 엄마'이자 바람피우는 엄마, 혹은 아버지가 경멸해 마지않던 창녀가 되기로 결심한다.

9장

Q1 : 나르시시스트형 도착은 죽음을 받아들이지 못하는 것과도 연관이 있다. 바네사의 집에서는 누가 이러한 어려움을 보여주는가?

A : 바네사의 부모이다. 그들은 큰딸의 죽음에 마주하지 못하며 죽음을 받아들이지 못한다. 바네사는 죽은 언니를 대체하기 위해 부모가 만들어낸 존재다. 그렇기에 부모는 바네사에게 언니와 같은 이름을 지어주었다.

Q2 : 바네사의 집에서 죽음을 받아들이지 못하는 것과 자신의 이미지를 만들어내는 것 사이에 상관관계는 무엇인가?

A : 죽은 아이는 완벽하다. 첫째 아이는 환상 속의 아이다. 그 어떤 잘못도 저지르지 않았으며 그저 눈처럼 순수하다. 바네사가 죽은 큰딸처럼 되길 바라는 부모의 욕심이 있지만, 이처럼 무의식중에 주어진 목표는 도달할 수 없는 목표다. 바네사는 그녀의 부모가 바라는 만큼의 무의식의 이미지(자아의 이상)를 결코 만들어낼 수 없을 것이다.

Q3 : 권력의 충동을 형성하는 여러 단계 중 바네사의 경우는 어디에 위치하고 있는가?

A : 현실 속의 외동아이라 볼 수 있다. 바네사는 집안의 모든 관심을 독차지한다. 그녀는 남동생이 출생하기 전까지만 해도 부모의 눈에는 전능한 존재였다. 바네사는 남동생의 출생과 함께 '나르시시스트적 남근'을 잃게 된다. 이것이 부모의 시선에서 보이는 자신의 이미지이다. 왜냐하면 부모의 관심이 새로 태어난 아들인 바네사의 남동생에게 돌아가버렸고, 바네사는 그 이유를 자신이 딸이라는 점에 두었다. 그러나 남동생이 대소변을 가리기 시작한 뒤 바네사에 대해 어머니가 다시 관심을 가지게 되었을 때, 그녀는 자신의 능력을 되찾았다는 느낌이 들었다. 바네사는 어머니의 욕망을 충족시켜 주면서 어머니를 조종할 수 있다는 느낌을 갖게 되었다.[1]

---

1   텍스트에서 소개한 것 이외의 증상들 가운데, 바네사는 성인이 된 이후에 삶의 문제에 직면할 때마다 심각한 변비에 시달렸다.

Q4 : 바네사의 이야기와 바네사가 대응하는 방식 중 어떤 부분에서 역설을 읽을 수 있는가?

A : 어머니가 자신은 아버지의 방을 청소할 테니 그녀에게는 남동생의 방을 정리하라고 했을 때, 어머니는 바네사에게 두 가지 고통을 안겨준 셈이다. 바네사는 고통스러운 선택을 하지 않고서는 이 역설적 문제를 풀 수 없었다. 그녀가 남동생의 하녀가 되든지, 남동생의 아내가 되든지…… 혹은 그녀가 방 정리를 거부함으로써 어머니에게 일의 부담을 가중시키는 방법밖에 없었다.

Q5 : 바네사의 이야기에서 근친상간적 요소를 발견할 수 있는가? 그것이 무엇을 의미하는가?

A : 이 역설은 그녀를 남동생에 대한 근친상간의 위치에 놓는다. 바네사는 부모님의 성 문제에 휘말려들었다. 어머니를 더 이상 고통스럽게 하지 않기 위해서 아버지의 불륜을 보고도 비밀로 하며 아버지의 공범자가 되었다. 그렇게 그녀는 부모님의 성 문제에 자리를 잡고 앉아버렸다. 그녀는 현실을 보고 환상을 가지는 것이 아니고, 끊임없이 주어진 현실 속에서 타협해야만 했다. 그렇기에 그녀는 오이디푸스의 시기를 겪지 못했다. 오이디푸스를 일단 부정한 뒤 한참 지나 성인이 되어서야 발전시키는 격이다.

바네사는 상대남성을 유혹했다가 폄하하는 등 역설적 행동을 계속한다. 일반적으로 바네사는 겉으로 보기 훌륭한 남성, 그리고 그녀보다 나이가 많은 남성만을 골라 사귀었다. 물론 그녀는 그들에게 아버지의 자리를 주었다. 그리고는 사랑과 증오를 번갈아가며 던져주었다. 그들과는 근친상간적이고 우려를 일으킬 만한 관계가 된 것이다. 그녀의 남자친구 가브리엘은 바네사보다 나이가 어렸는데, 바네사는 그런 그에게서 자신의 남동생을 보았다.

Q6 : 가브리엘이 바네사에게 주는 편지를 보면, 도착자의 피해자가 가해자를 보호하려고 하는 것을 보게 된다. 어느 구절에서 그것을 알 수 있는가?

A : 가브리엘은 바네사가 자신의 아버지를 보호하기 위해 본인을 폄하한다고 생각한다. 가브리엘의 말에 따르면, 바네사는 '남자들은 모두 나쁜놈들'이라 생각하며 아버지의 부정(infidelity)을 방어하고 일반화하려고 했다. 바네사는 가브리엘에게 마음이 갈수록 그를 더 심하게 공격했다. 그가 착할수록 그를 비하했다. 바네사의 행동 메커니즘의 기원에 대해서라면 그의 분석이 맞을 수도 있다. 그는 나쁜 대상으로 투사되나, 한편 바네사는 어린 시절 내면화한 좋은 대상으로서 그를 계속 착란적 방식으로 사랑한다. 그러나 그렇게 바네사에 대해 진단하면서도 가브리엘은 계속 그녀를 보호하려고 한다. 가브리엘이 고통을 받으면 받을수록 바네사는 폭주했다.

자기애성 인격장애자의 기타 특성

우리는 지금까지 자기애성 인격장애(도착)의 근원에 대해 고찰해 보았다. 위니컷이 말하듯, 자기상에 결함이 있는 부모 밑에서 자란 아이들은 양육과정에서 학대를 받으며 자기애성 인격장애를 갖게 된다. 혹은 폴-클로드 라카미에가 말했듯, 근친상간적 요소에 의해 악성 자기애를 갖게 되기도 한다. 그러나 이러한 원인들이 반드시 도착증을 일으키는 것은 아니다.

두 번째 부록은 자기애성 인격장애자들이 겪는 문제들 중 다른 몇 가지를 함께 더 살펴보는 내용이다. 그들이 겪는 문제들 중 공통의 특징을 추려보자.

나르시시즘의 병리학

프로이트는 오이디푸스 콤플렉스를 모든 신경증 환자들이 겪는 핵심적인 내적갈등이라고 말한 바 있다. 프로이트는 오이디푸스 콤플렉스를 잘 극복한 사람은 안정된 정신세계를 갖게 되며, 잘 극복하지 못한 이들은 신경증 환자가 된다는 사실을 연구과정에서 알게 되었다. 또한 오이디푸스 콤플렉스를 아예 접하지 못했던 사람들은 정신증 환자가 된다.

최근 발표된 연구결과를 보면 또 다른 범주의 인격을 볼 수 있다. 경계선 인격이 그것이다. 오토 컨버그[1]에 의하면 경계선 인격장애자들은 비교적 안정적인 병리구조를 가지고 있다. 컨버그는 경계선 인격장애자들에 대해 말하길, 신경증과 정신증의 징후를 오가는 사람들이 아니라 독립적 병리 증상을 가진 사람들이라고 말한다.

경계선 병리의 일부를 왜 자기애성 병리라고 부르는가?

아이의 심리성적 발달을 다시 살펴보자면, 아이는 크게 다음 세 단계의 발달과정을 거친다.

---

1 Kernberg O., 경계선 인격장애 환자들이 겪는 문제(Les troubles limites de la personnalité), Dunod, 1997.

1) 비자아 대상의 발견 → 대상기

2) 자신의 이미지와 이타성 발견 → 나르시시스트기

3) 제3자와 사회의 발견 → 오이디푸스기

각 단계마다 아이는 병리적 징후를 넘어설 수 없을지도 모른다는 두려움을 느낀다. 대상기에는 분열과 분리 그리고 정신증에 대한 두려움을 느낀다. 나르시시스트기에서는 유기, 경계선 병증에 대한 불안을 느낀다. 오이디푸스기에는 거세 불안, 죄책감, 그리고 신경증에 대한 불안을 느낀다.

경계선 인격

경계선 인격장애에 대해서라면 이 주제를 연구하는 학자들만큼이나 수많은 이론이 존재한다. 도날드 위니컷은 거짓 자아, 즉 "as if(마치 ~인 것처럼)"와 흡사한 것이라 말한다. 거짓 자아란 주위사람들의 필요에 맞춘 인격을 뜻한다. 장 베르제레는 경계선 인격장애를 일컬어 '결합과 거리두기가 마치 주고받기처럼 반복되는 관계'라 말한다. 장 베르제레에 따르면 경계선이란 자아가 타인의 욕망에 들어가는 것, 혹은 자아가 타인의 욕망에 의해 경계를 넘게 되는 것이다. 그에게 있어서 주체는 자아의 이상에 의해서만 성숙될 수 있다.

경계선 인격장애의 원인은 어린 시절 겪은 정신적 외상(트라우마)에 있다. 이 트라우마의 지속기간이 아이에게 정신증을 일으키기에는 충분히 길지 않았을지 모르나, 오이디푸스 콤플렉스를 접하지 못하게 만드는 데 충분한 기간일 수 있다. 유전적인 원인을 제외하고, 오토 컨버그는 다음과 같은 자아의 약점 때문에도 경계선 인격장애가 나타날 수 있다고 말한다.

● 마음의 고통에 대한 감내력 부족

● 충동조절 능력 부족

● 승화로 가는 길에 대한 계발의 부족

경계선 인격장애는 이 주제를 연구하는 연구자들의 수만큼이나 이론이 분분하다고 앞서 말했다. 우리는 경계선 상태, 소위 보더라인(borderline)이라고 불리는 경계적 인격의 형성, 정신분열 전조, 정신증, 정신분열증에 걸리기 쉬운 정신구조, 거짓 신경증적 정신분열증, 거짓 자아, 심각한 수준의 신경증 등으로 경계선 인격장애의 특징을 규정한다.

자기애성 인격장애자의 기타 특성

경계선 인격장애의 전형적 방어기제

1) 분열

대상과 자기상에 대한 분열을 발견할 수 있다. 분열이란 극도의 불안에 대한 방어다. 분열 기제를 쓰는 목적은 자기상을 현실과는 상관없이 과대하게[2] 유지하는 것에 있다.

2) 이상화

이상화의 기제는 자신에게뿐만 아니라 대상에게도 관련된다. 타인은 아무런 결점이 없다. 타인은 모든 장점과 미덕[3]을 갖추고 있다. 에나멜 위에 한 줄의 실크랙조차도 나쁜 대상[4]으로부터 나오는 파괴적이고 치명적인 불안을 야기하기에, 주체는 끊임없이 이상화된 관계 속에 다시 놓여야만 한다. 불안에 대한 해결책은 이상화나 무시를 통한 부정이다. 이상화 기제의 위험이라면 이상이 높은 만큼 추락의 깊이 또한 깊다는 점이다.

---

2 베르나르는 내게 말한다. "저는 마치 기름을 안 넣은 페라리 같아요." 그는 자신에 대해 과대망상적 생각과 무기력함을 동시에 느끼고 있다.
3 승마를 좋아하는 콜레트는 빅토르에게 말한다. "모든 말들은 몸에 얼룩이 있어. 그렇지만 당신에겐 그 어떤 얼룩도 없어." 초반에 피에레트는 자크에게 말한다. "우리는 천륜이야. 너를 천년 동안 기다려왔어."
4 Marcelli D., Cohen D., 유년기와 정신병리학(Enfance et psychopathologie), Masson, 2006

3) 투사동일시

나쁜 대상을 밀어내기 위한 기능이다. 도저히 받아들일 수 없는 나쁜 자기상이나 대상을 바깥으로 밀어내어 타인이 그 나쁜 이미지를 짊어지게 만드는 것이다.

나쁜 대상들의 투입은 좋은 자기상에 위협이 된다. 그러므로 외부 대상에 투사하여 그를 나쁘고 위험하게 만드는 것이다.

4) 부정, 전능, 비하

의식적으로 인정하는 어떤 것을 행동으로 옮기려 할 때 주체는 그것을 부정해버린다. 이상화에 맞서기 위해, 또한 이상화를 유지하기 위해 주체와 대상은 모두 전능해져야 한다. 그래야만 나쁜 대상이 그들에게 대항해 나쁜 짓을 할 수 없기 때문이다. 이 방어기제의 위험은 우상의 붕괴다. 이때 자기상의 붕괴와 함께 심각한 우상 비하가 일어난다.

5) 행위화

모든 사고 행위나 정신화 이전에, 주체의 욕망이나 필요를 바깥으로 비워낼 수 있도록 하는 것이 행위화다. 모든 방어기제의 목표는 주체가 우울해지는 것을 막는 데 있다. 그러나 과거의 트라우마는 언제든 다시 고개를 들 수 있고, 그로 인해 주체가 갖고 있던 자기애성 결함이 다시 자극될 수 있다. 죽음, 관계의 절연과 같은 특정 사건들이 삶속에서 일어날 때 주체는 대상을 잃을지도 모른다는 분리불안이 생기거나, 우울증에 빠지지 않기 위해 앞으로 나아가 도망감으로써 상황을 모면할 수 있다.

사이코패스

정신분열증 환자들은 사회관계 속에서 유리되어 있고, 자신의 감정 표현을 다양하게 하지 못한다. 정신분열증 환자들은 이상한 믿음, 괴이한 행동, 사회적 고립 등의 증상을 보인다. 그리고 이를 이인화 함으로써 현실 속에 남아 있을 수 있으며 착란으로 들어가지 않는다.

히스테리가 여성의 전유물이라고 오랫동안 생각되어진 것처럼 사이코패스적 인격은 남성적인 것으로 여겨져 왔다. 그러나 최근 들어 사이코패스적 인격이 양성 모두에게서 나타나는 경향을 보이고 있다. 사이코패스는 자신의 욕망 충족에 대한 욕구를 지연시키지 못한다. 좌절을 견디지 못하고, 회개나 죄책감도 없다. 오히려 남의 물건을 훔쳤다고, 남의 돈을 횡령했다고, 상대를 조종했다고 자랑스럽게 이야기한다. 사이코패스는 그들이 느끼는 기쁨이 타인을 고통스럽게 한다는 점에서 도착적 측면이 있다고 하겠다.

도착자와는 달리 사이코패스는 법을 알고는 있지만 부정한다. 사이코패스는 잘못된 가치를 내재화한다. 그는 나쁜 것을 좋은 것이라 받아들인다. 그들의 관계란 피상적이고 효용성의 여부에 따라 결정된다. 그들은 유희를 추구한다. 그들이 추구하는 것은 즉각적인 만족이다. 우리는 사이코패스에게서 중독적인 행동들을 많이 보게 되는데 이는 그들이 사회에서 열외가 된 사람들이라는 점을 증명한다.

연극성 인격장애

연극성 인격장애[5] 혹은 히스테리성 인격장애[6]는 주로 여성에게서 나타나는 증상이라고 여겨졌으나, 근래에는 남성에게서도 더욱 자주 관찰되고 있다. 연극성 인격장애자들은 끊임없이 타인의 관심을 끌고 시선을 사로잡으려 한다. 그들은 기질적으로 감정이 불안정하며 또한 작위적이다. 그들은 수시로 태도와 목소리를 바꾸며, 때로는 상대방이 누구냐에 따라 억양과 표현의 방법마저 그때그때 바꾸는 능력이 있다.

진실한 인간관계 맺기를 피하려 하기에 그들은 주로 혼자지만, 누군가 자신을 주시하고 있으면 안도감을 느낀다. 그들은 끊임없이 상대방을 유혹하려 한다. 그러나 그 단계가 지나면 그들은 관계를 이어나가기 힘들어한다. 그들은 타인에게 내비치는 이미지와는 달리 매우 유약한 내면을 갖고 있다. 감정이 매우 풍부하지만 기분이

---

5 연극성 인격장애를 가리키는 용어인 'Histrionique'는 연극배우, 연기자, 어릿광대를 지칭하는 'Histrion'이라는 단어에서 왔다.
6 히스테리성 인격장애를 가리키는 용어인 'Hystérique'는 그리스어 'ustera(자궁)'에서 왔다.

자기애성 인격장애자의 기타 특성

계속 변한다. 협박을 하거나 자살기도, 성적유혹 등의 행위를 하면서 타인을 조종하려 한다.

노골적으로 성을 드러내지만 실제 관계를 유지해나가는 것은 미흡하기 짝이 없다. 그들은 나쁜 자기상을 가지고 있다. 대부분 분리불안을 가지고 있으며, 버림받았다는 생각이 들면 우울이나 불안 증세를 보인다.

자기애성 인격장애자들의 공통점

자기애성 인격장애자들은 자신이 '대단한 위인'인 듯 행동하는 특징이 있다. 자신이 타인보다 위에 있다고 생각하며 특별한 존재로서 존경을 받아야 한다고 생각한다. 자기만족적이며 겸손이 부족하고, 타인을 무시하며 자신에게 과도하게 몰두해 있다. 애정에 대한 욕구는 사회관계 속에서 어느 정도 조율될 수 있고, 일정수준 원하는 바를 달성할 수도 있을 것이다.

그들은 상대를 이용하는 것에 대한 양심의 가책이 거의 없다. 그들은 자신의 장점은 과대평가하고, 실패나 인간관계를 악화시키는 그들의 과오는 과소평가한다. 타인은 자신의 시중을 들기 위해 있는 존재라고 생각한다. 사이코패스처럼 이들도 유희를 추구한다. 어떠한 죄책감도 느끼지 못하며, 질투심이 매우 강하다. 그들은 타인을 수시로 비하하려 하며, 상대의 자리를 차지하기 위해 그를 험담하고 다닌다. 하지만 타인에 대한 배려가 없기에 쉽게 외톨이가 된다.

자신에 대한 과대평가가 실제로 이루어지지 않고 실패하는 모습을 보이면 그간 숨어 있던 강력한 우울증의 경향이 수면 위로 떠오른다. 오토 컨버그는 자기애성 인격장애자의 어머니에 대해 '냉정하고 아이와 거리를 두는 사람'이었을 것이라고 말한다. 그렇기에 아이는 자신이 세상 유일한 존재라고 인식함으로써 애정 결핍과 모성의 결핍을 상쇄하고자 하는 것이다. 자기애성 인격장애는 외동, 혹은 첫째에게서 주로 나타난다.

제68회 칸영화제에서 여배우 엠마누엘 베르코에게 여우주연상을 안긴 영화 〈몽루아(Mon roi, 2015, '나의 왕')〉. 이 영화가 처음 개봉되자 유럽은 또 한 번 들썩였다. 연일 매체에서는 이 영화의 소재인 '악성 자기애'에 대한 전문가 인터뷰와 다양한 관련 글들이 쏟아지는 등 뜨거운 반향이 일어났다. 증오와 안타까움, 열망과 결핍, 환희와 절망이 공존하는 영화 속 두 주인공의 관계를 보며, 이 책에서 다루는 악성 자기애자의 병리적인 연인 관계에 대해 깊이 들여다볼 수 있는 계기가 되었다.

"뒤로 굽혀 앞으로 나가는 고된 사랑, 무수한 고통과 상처를 주면서도 떠날 수도, 떠나보낼 수도 없는 지독한 관계……"

이러한 현상에 대한 개념이 확립되어 있지 않은 지금까지, 우린 흔히 이들을 '팜므파탈' 혹은 '옴므파탈'이라고 불렀다. 그러나 이 책의 저자는 이 현상을 단호히 중증의 병리 현상으로 규정짓고, 이들을 '악성 자기애자'로 명명한다.

이 책은 악성 자기애자가 사랑이라는 이름으로 상대를 어떻게 파멸로 몰아가는지 적나라하게 보여준다. 악성 자기애자는 반사회적 인격장애인 소시오패스의 일종이다. 공감능력이 없기에 상대방이 얼마나 힘들고 고통스러울지 느끼지 못한다. 상대는 단지 나의 장난감, 조종의 대상, 내가 증오하는 내 자아의 모습을 투영하여 마음껏 괴롭히고 미워해서 붕괴시켜야 할 대상일 뿐이다. 내(좋은 자아)가 살기 위해 필사적으로 너(나쁜 자아)를 박해하고 죽여야 할 뿐이다. 다시 말해 그들은 '마음'이 없는 자들이다.

최근 들어 데이트 폭력에 대한 기사를 자주 접하게 된다. 그런데 반드시 직접적이고 물리적인 폭력을 써야만 폭력일까? 한 인간의 정신을 황폐하게 만들고 평생 치유하지 못할 트라우마를 남기며, 급기야 사고사나 자살에까지 이르게 하는 정신적인 폭력은 무엇보다 연인이나 부부 사이에서 집요하게 행해지곤 한다. 하지만 이러한 정신적 폭력은 물리적인 폭력에 비해 지금까지 그 심각성을 주목받지 못했다.

그러나 가해자가 가하는 폭력의 강도가 점진적으로 높아진다는 점에서 이는 물리적 상습폭력의 메커니즘과 한치 한푼도 다르지 않다. 게다가 피해자는 저항할 힘도, 도망갈 힘도 내지 못하는 학습된 무기력에 빠져 가해자의 처분만을 기다리는 수동적이고도 절망적인 상황에 머물게 된다. 바로 이 점에서도 물리적 폭력과 같은 맥락을 띤다.

정신과 의사인 이 책의 저자는 악성 자기애자가 누구이며, 어떤 심리와 행동방식을 갖고 있는지 정신분석학적으로 철저히 고찰한다. 아울러 이들을 식별하는 법, 이들에게 걸려들었을 때의 대처 방법 등을 전문가의 입장에서 조언한다. 풍부한 실제 사례와 피해자의 실화 증언 등을 수록하여 마치 이웃에 사는 누군가의 이야기를 실제로 듣는 것처럼 읽혀진다.

그런가 하면 정신분석학과 심리학의 중요 개념을 빠짐없이 정리하고 있기에, 독자들은 이 책을 읽고 나면 심리학과 정신분석학을 넘나들며 이상성격장애에 대한 주제에 대해 누구와라도 기본적인 대화가 가능할 것 같다. 과연 프랑스의 유력일간지인 〈르몽드〉가 본서를 두고 "이 주제에 관한 최고의 책"이라 극찬할 만하다.

이 책을 번역하면서 나는 가해자들도 처음부터 괴물은 아니었다는 사실을 알게 되었다. 부모의 따뜻한 사랑과 보살핌이 필요했을 시기에 유기되었거나 학대받아 마음에 깊은 상처와 결핍이 생기고만 아이들이었다. 그들 역시 악성 자기애를 가진 부모 밑에서 자란, 유약한 내면을 가진 아이인 채로 성장한 이들이었다.

그런가 하면 피해자들도 안타까운 것은 마찬가지다. 자신의 감정보다 남의 감정이 더 중요한 배려심 많은 착한 이들, 사랑하는 누군가를 잃지 않으려 버티고 버텨오다 결국은 타인으로부터 감정의 노예가 되고 만 사람들인 것이다. 양쪽 모두 누군가로부터 버림받을지 모른다는 '유기 불안'을 가슴속 깊은 곳에 지니고 있는 불행한 사람들이다.

이런 것을 보면 인간의 감정과 관계된 모든 문제의 뿌리는 진부하지만 "사랑, 결국엔 사랑"이 아닐까 하는 생각이 든다.

이 번역서가 나오기까지 개인적으로 우여곡절이 많았다. 어머니가 곁에 안 계셨더라면 이 작업을 마치지 못했을 것 같다. 사랑하는 나의 어머니 김윤주 여사에게 감사의 마음을 전한다.

역자후기

옮긴이 권효정

서강대학교에서 프랑스문화학과 경영학을 전공했으며, 한국외대 통번역대학원 한불 국제
회의통역과를 졸업했다. 북아프리카 알제리에서 대우건설 전속 통번역사로도 활동하였
다. 10년 이상 통번역 작업을 통해 알게 된 지식과, 그로 인해 인연을 맺은 사람들을 최고
의 자산이라 여긴다. 옮긴 책으로는《조건 없이 기본소득》(2014)이 있다.

악성 나르시시스트와 그 희생자들

초판 1쇄 발행 | 2017년 2월 20일
초판 3쇄 발행 | 2022년 8월 8일

지은이   장 샤를르 부슈
옮긴이   권효정
편집   강희재
디자인   주수현 정진혁

펴낸곳   (주)바다출판사
주소   서울시 종로구 자하문로 287
전화   322-3885(편집), 322-3575(마케팅)
팩스   322-3858
E-mail   badabooks@daum.net
홈페이지   www.badabooks.co.kr

ISBN 978-89-5561-917-1 03180